改革开放以来
城镇居民收入差距的演变与成因
——基于中国宏观经济理论假设的初探

GAIGEKAIFANG YILAI
CHENGZHEN JUMINSHOURU CHAJU DE YANBIAN YU CHENGYIN
—— JIYU ZHONGGUO HONGGUAN JINGJI LILUN JIASHE DE CHUTAN

张 超 著

中国财经出版传媒集团

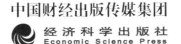

经济科学出版社
Economic Science Press

图书在版编目（CIP）数据

改革开放以来城镇居民收入差距的演变与成因：基于
中国宏观经济理论假设的初探／张超著．—北京：经济
科学出版社，2019.7
　ISBN 978 - 7 - 5218 - 0718 - 9

　Ⅰ.①改…　Ⅱ.①张…　Ⅲ.①城镇－居民实际收入－
研究－中国　Ⅳ.①F126.2

　中国版本图书馆 CIP 数据核字（2019）第 150871 号

责任编辑：杜　鹏　张　燕
责任校对：王肖楠
责任印制：邱　天

改革开放以来城镇居民收入差距的演变与成因
——基于中国宏观经济理论假设的初探
张　超／著
经济科学出版社出版、发行　新华书店经销
社址：北京市海淀区阜成路甲 28 号　邮编：100142
编辑部电话：010 - 88191441　发行部电话：010 - 88191522
网址：www.esp.com.cn
电子邮箱：esp_bj@163.com
天猫网店：经济科学出版社旗舰店
网址：http://jjkxcbs.tmall.com
固安华明印业有限公司印装
710 × 1000　16 开　12 印张　200000 字
2019 年 8 月第 1 版　2019 年 8 月第 1 次印刷
ISBN 978 - 7 - 5218 - 0718 - 9　定价：56.00 元
（图书出现印装问题，本社负责调换。电话：010 - 88191510）
（版权所有　侵权必究　打击盗版　举报热线：010 - 88191661
QQ：2242791300　营销中心电话：010 - 88191537
电子邮箱：dbts@esp.com.cn）

前　言

2008 年全球金融危机后，消费需求问题成为我国在经济转型期所必须面对和破解的难题，刺激消费尤其是居民消费更是成为我国理论界研究的热点。近年来，越来越多的学者意识到，居民收入过低和收入差距的不断拉大是我国居民消费不振的主要掣肘，如何从"国富"到"民富"及缩小居民收入差距已经成为我国经济增长、社会和谐的首要问题，而提高居民收入占比和缩小居民收入差距已基本在社会各界达成了共识。

改革开放初期，受"平均主义"及"大锅饭"等传统分配思想的影响，城镇居民收入均等化程度很高。相比农村居民，经济发展和改革深化对城镇居民产生了更为深远的影响，也使得城镇居民收入差距的变动更具特殊性。多年来，城镇居民收入差距问题比农村更为严峻，两极分化更加显著，加之城镇居民居住相对集中，更容易引发社会的不稳定。通过对城镇居民收入差距的研究，不仅有助于我们探寻城镇居民收入差距演变的真正原因，更加深入地认识居民收入差距问题，也有助于我们去解决和应对城镇居民收入差距日益拉大所造成的困局，因此，具有较强的现实意义。

同时，改革开放以来，城镇居民收入差距的拉大，有着极为复杂的原因，既包括居民个体的差异，也包括经济发展和制度变迁所带来的冲击等。我们很难用某个单一原因或者理论来加以诠释。在现有研究中存在着重技术、轻思想的倾向，往往是改进国外的模型和技术对中国数据进行分析。而本书依据我国的国情，初步归纳并提炼出能够反映我国宏观经济基本特征的假设体系，并在此基础上对城镇居民收入差距问题进行研究，因此，具有一定的理论意义。

本书总体分为 8 章。第 1 章绪论部分，主要对选题背景、研究意义进行阐述；对书中将会使用的相关概念进行界定，确定研究的时间维度和跨度；概括主要研究方法和研究内容，并指出创新和不足。第 2 章是居民收入差距的国内外研究综述。居民收入差距的研究主要集中于四个方面：居民收入差距的测度、类别、拉大的成因及其经济后果。其中，国内外对收入差距的测度已经具备很高的水平，但却未能形成一个统一的标准，因此，计算出来的值也大相径庭；对各类居民收入差距的研究往往会和测度及成因研究交织在一起；对收入差距拉大的成因研究所受的关注度最高，形成了多种观点；关于居民收入差距拉大的经济后果的研究相对较少，主要集中在对消费需求和经济增长的影响方面。多数国内文献主要是借鉴西方经济学的研究方法，将其"中国化"后，结合相关数据来加以分析，有时未能全面考虑我国作为一个有特色的发展中大国的基本经济特征。初步构建中国宏观经济理论的基本假设体系，并尝试在此假设体系下分析我国的收入分配问题可能更有意义。第 3 章是理论假设部分，即对中国宏观经济理论假设体系的初探。收入差距的拉大是收入分配制度造成的，但收入分配制度又是由宏观经济特征决定的。讨论我国的收入差距问题，必须基于我国宏观经济的基本特征。因此，对中国宏观经济理论假设体系进行探析十分必要。基于这一目的，本章尝试构建中国宏观经济理论假设体系，即生产力不平衡结构、国家强动员能力机制及引进式技术进步机制三大假设。据此，可以将我国宏观经济的基本特征概括为，以生产力不平衡结构下的引进式技术进步为核心、以国家强动员能力为保障的经济增长模式。相比发达国家而言，我国的经济增长可能是"结构性"的，即在引进技术进步的前提下，主要依靠高端行业和发达地区经济的加速增长来带动经济总量的增长。第 4 章研究城镇居民预防性储蓄动机问题。关于居民收入差距问题研究的逻辑起点来源于居民消费需求不振。但我国作为一个传统的储蓄大国，居民储蓄率一直保持较高的水平，从 20 世纪 90 年代中后期开始，很多学者将我国居民消费需求不足归因于过高的预防性储蓄动机。那么，目前居民消费不振的主要原因究竟是收入分配问题还是储蓄动机问题？在研究城镇居民收入差距的演变及成因之前，有必要做一个排除性的说明。基于我国宏观经济理论假设体系下经济增长的"结构性"特征，本章重点考察了经济"结构性高增长"下的城镇居民预防性储蓄动机问题；研究结果表明，我国城镇居民的预防性储蓄动机强度自 2004 年后持续减弱，目前已不再是我国城镇居民消费需求不振的最主要原因。在此前提下，讨论我国城镇居民的收入差距问题，将更具有针对性。第 5 章是在宏观经济理论假设体系下重点分析我国改革开放以来分配制度的变迁，并在此基础上分析了改革开放各阶段居民收入来源的变化。同时，利用非等分组的基尼系数计算公式，测度了我国城镇居民收入基尼系数，其结果显示出我国城镇居民收入差距日益拉大的总体趋势。在使用居民收入各来源部分占比与城镇居民收入差距进行实证检验后发现，城镇居民收入差距与工资性收入占比之间互为 Granger 因果关系，并存在较强的负相关关系。可以认为，在收入分配制度变迁中，工资性收入占比与其他收入来源占比的此消彼长，引发了城镇居民收入差距的拉大；而不断偏向于"效率"的分配制度变迁，又源于我国宏观经济发展中的基本特征。第 6 章探讨城镇居民收入差距的演变与成因。我国的经济增长主要依靠国家强动员能力保障下的引进式技术进步得以实现，但这种"结构性高增长"也带来了诸多问题。目前最为显著的莫过于居民收入差距的拉大，如城乡收入差距、地区间收入差距、行业间工资差距、城镇和农村内部收入差距等，而这些收入差距又可能相互交织在一起。针对本书研究的重点，本章在我国宏观经济理论假设下，通过基本的理论分析和数理推演，重点讨论了我国城镇居民地区间收入差距和行业间工资差距，并得出若干结论。在对相关数据进行分析的基础上，分别测度了城镇居民地区间收入和行业间工资的泰尔指数，发现收入差距的演变趋势基本符合本章的分析结论。第 7 章对引进式技术进步、资本投入与城镇居民收入差距进行实证检验。从前面章节的分析中可以发现，在中国宏观经济基本假设下，居民收入差距的拉大有其必然性，而引进技术进步和资本投入变动都可能是拉大城镇居民收入差距的重要原因。但我国的实际情况是否符合理论分析呢？引进式技术进步、资本投入与城镇居民收入差距之间究竟是何种关系？这些问题都在本章通过实证分析来检验。本章实证主要利用 VAR 模型和状态空间模型，分别从城镇居民收入差距变动、城镇居民地区间收入差距变动及行业间工资收入差距变动等三个方面进行检验，发现引进技术和资本投入对这三个方面的影响较为显著，基本佐证了第 6 章的分析结论。第 8 章归纳基本结论，并提出政策建议。在宏观经济理论假设下，通过分析我国城镇居民地区间收入差距、行业间工资差距的演变与成因，发现引进式技术进步、资本投入、劳动力流动及垄断等都可能是引致城镇居民收入差距拉大的原因。如何转变技术进步方式是改变城镇居民收入差距的关键因素，而加速国内技术扩散及应对行业垄断等，也都将对缩小城镇居民收入差距产生深远的影响。因此，本章主要从自主创新、产业转移、劳动力合理流动及应对行业垄断等方面提出了政策建议。

此外，考虑到各省市内部可能存在的收入差距问题。本书在附录中整理了 1989 年、1991 年、1993 年、1997 年、2000 年、2004 年、2006 年、2009 年八个年份，贵州、广西、辽宁、黑龙江、江苏、山东、湖南、湖北、河南九个省份的城镇居民收入微观调查数据（CHNS），并对每组数据进行了非参数核密度估计，讨论了九个省份内部的城镇居民收入变动情况。

本书可能的贡献主要有两点：一是对中国宏观经济理论假设体系进行了初探，并据此将我国宏观经济发展的基本特征初步概括为以生产力不平衡结构下的引进式技术进步为核心、以国家强动员能力为保障的"结构性"经济增长模式；二是尝试在宏观经济理论假设体系下研究我国城镇居民的收入差距问题，并提出技术进步方式的转变可能是解决我国城镇居民收入差距问题的关键所在。不足之处主要有三点：一是在构建我国宏观经济理论假设体系前，未能对西方经济学基本假设中的平衡结构特征进行深入分析，而如何理解并分析西方主流经济学中基本假设的含义以及一系列平衡结构特征下的基本结论将是进一步研究的方向；二是我国宏观经济纷繁复杂，初探的宏观经济理论假设体系并不一定全面，主要是起到"抛砖引玉"的作用，很多工作还需要继续完善；三是由于部分数据的缺失和自身技术手段的限制，在衡量指标的选取和实证分析上可能不够精确，只是初步揭示了变量间的基本关系。

作　者

2019 年 6 月

Contents

目录

第1章
绪　论

1.1　选题背景

2008 年金融危机后，经济结构转型已成为我国经济发展的必由之路。如何将外延式的经济增长方式转变为内涵式的经济增长方式，如何将外需依赖转变到内需依赖上来，如何将投资、消费、出口失衡转变为均衡发展等，都将是我国经济稳定增长之路上必须应对的问题。其中，最迫切需要解决的无疑是我国居民消费需求问题。而近年来，越来越多的学者把我国居民消费需求不振归因为收入分配失衡，这也是本书研究收入差距问题的逻辑起点。

1.1.1　我国居民消费需求不振问题的历史回顾

20 世纪 90 年代中后期之前，我国在很长一段时期都处于严重的短缺经济。凭票（粮票、油票、肉票等）购物、彻夜排队购物、托熟人找关系购物等现象成为我国计划经济时代的一个重要特征。然而，20 世纪 90 年代中后期，这一特征不复存在。商店层出不穷的促销手段，各种媒体铺天盖地的广告，却仍然改变不了大量消费品过剩、商品积压的情况。此时，我国的消费品市场出现了供大于求、买卖双方地位反转的市场低迷状态。体制、观念、亚洲金融危机等因素均是引发这种市场低迷的原因，但实质上，还是供需关系失衡造成的。

从"供"的角度来看，1992年之后，我国的经济发展进入了快车道。在"羊群效应"的引领下，生产者纷纷进入一些被认为可能有高利润、高回报的行业，产生"非理性繁荣"。而这种不考虑需求的盲目生产必然会带来产能过剩，林毅夫（2007）则将此形容为"潮涌"现象①。从"需"的角度来看，这一时期各项改革增加了居民未来收支的不确定性，现代企业制度改革下城镇职工的大量下岗、失业，使很多人的收入只能保持其温饱；其他诸如住房、医疗、教育等改革，又增加了居民未来支出的不确定性。而应对未来收支不确定性的最有效手段就是储蓄，减少当期消费。此外，由于在改革开放的探索期，收入分配不合理的现象较为严重，收入差距在这一时期开始显著拉大。根据国家统计局公布的基尼系数值，我国农村居民收入基尼系数自1978年的0.21扩大至1999年的0.34，而城镇居民收入基尼系数则从1978年的0.16扩大至1999年的0.3，增加了近1倍。收入差距的拉大显然不利于居民消费的增加，这也是导致居民消费需求不足的一个重要原因。

1978～1993年，我国的净出口额有11个年份出现负数，即贸易逆差，其中贸易逆差最大的年度为1993年（701.4亿元）。而此后的1994～2010年均未再发生贸易逆差，净出口额不断攀升，2008年达到20868.4亿元，出口总额更是高达100394.9亿元②。外需在20世纪90年代后成为取代国内消费需求的一个重要手段。最终消费对GDP的贡献率从1999年的76.8%下降至2010年的36.8%；居民消费率从1999年的46.75%下降至2010年的33.2%③。

2008年金融危机发生后，我国出口空前受阻，维持经济稳定增长的重任落在内需之上，投资和消费成为拉动经济增长的最主要动力。国家的基础设

---

① 林毅夫. 潮涌现象与发展中国家宏观经济理论的重新构建［J］. 经济研究，2007（1）.

② 具体数据参见附表1-1。

③ 具体数据参见附表1-2。

施建设计划及十大产业振兴计划等措施使得投资额高企，2009 年的投资率比 2008 年高出近 5 个百分点。相比投资而言，虽然国家也出台若干刺激消费的计划，但消费对经济的拉动作用则远远滞后于投资①。这种投资与消费的失衡使经济增长隐忧重重。

消费需求问题是我国在经济转型期所必须面对和破解的难题，刺激消费尤其是居民消费更是成为我国理论界研究的热点。近年来，越来越多的学者意识到，居民收入过低和收入差距的不断拉大是我国居民消费不振的主要掣肘，如何从"国富"到"民富"及缩小居民收入差距已经成为我国经济增长、社会和谐的首要问题，而提高居民收入占比和缩小居民收入差距已基本在社会各界达成了共识。

1.1.2 我国居民收入分配的两个典型事实

我国自 1956 年确立计划经济体制到改革开放之前，一直是一个均等化程度很高的国家。究其原因，主要包括生产资料公有制（居民除了少量储蓄利息外没有财产收入）、社会主义追求的目标（社会公平、劳动收入公平）以及传统文化观念（"不患寡而患不均"）等（赵人伟和李实，1999）。当然，由于二元经济结构及"剪刀差"的存在，城乡居民之间的收入差距较大，但城镇居民内部及农村居民内部的收入差距均较低，比较而言，城镇居民内部的收入差距更低。1978 年以来，市场化改革为我国带来了高速经济增长。但在市场化改革不断推进和深化的背后，也产生了很多的问题。目前最为引人瞩目的莫过于收入差距的日益拉大，这对社会的公平正义与稳定、经济的持续增长都提出了挑战。

1. 居民收入占比的持续下滑

居民可支配收入为居民初次分配收入和经常转移净收入之和，就 2000～2008 年的数据来看，无论是初次分配收入还是经常转移净收入占国民可支配

---

① 根据中经网统计数据库相关数据资料，2009 年 GDP 有 8.4% 为投资拉动，4.4% 为消费拉动；投资对 GDP 的贡献率为 91.3%，而消费只有 47.6%。

总收入的比重均处于明显的下滑趋势。具体见表1-1。

表1-1　　居民初次分配收入、经常转移净收入、可支配收入
占国民可支配收入的比重　　　　单位:%

年份	初次分配收入	经常转移净收入	可支配收入
2000	64.36	1.14	65.50
2001	62.78	1.09	63.87
2002	62.11	1.00	63.11
2003	61.70	1.74	62.44
2004	59.18	0.87	60.05
2005	58.99	0.50	59.48
2006	58.62	0.37	58.99
2007	57.79	0.34	58.13
2008	56.66	0.45	57.11

资料来源：张东生.中国居民收入分配年度报告（2010）[M].北京：经济科学出版社，2010.

在我国的收入初次分配结构中，政府收入占比在2000～2008年间最低为16.7%，最高为18.3%；企业收入占比由2000年的17.9%攀升至2008年的25.3%；而居民收入占比则由2000年的64.7%一路下滑至2008年57.2%[①]。

将居民初次分配收入进行分解，得出劳动者报酬、营业盈余和财产净收入。其中，作为我国居民收入最主要构成的劳动者报酬，占GDP比重由1995年51.4%，下降为2007年的39.7%，为改革开放以来的最低值[②]。虽然2004年我国统计口径发生了变化[③]，居民部门的劳动报酬占比下降并没有数据显示的那么大（贾康，2010），但下降的总体趋势未变。

[①] 数据来源：张东生.中国居民收入分配年度报告（2010）[M].北京：经济科学出版社，2010.

[②] 数据来源：伍艳艳.我国劳动报酬份额变动的经济后果及其对策研究[D].北京：中国人民大学，2010.

[③] 根据2010年5月18日《人民日报》发表李丽辉对贾康的采访，贾康认为个体经济业主收入从劳动收入变为营业盈余，对农业不再计营业盈余，使劳动报酬占比被低估了6.29%。但宋晓梧（2011）认为这并未改变2004年之前劳动报酬比重不断下降，2004年之后劳动报酬比重仍下降的总体趋势。

2. 居民收入差距的拉大

居民收入分配差距日益拉大，影响了刺激内需政策的效果，也影响了我国经济的可持续增长，在某种程度上已经成为我国改革和发展的制约因素。我国居民收入差距主要表现在城乡之间、地区之间、行业之间及城乡内部四个方面。

（1）城乡居民收入差距拉大。城镇居民人均可支配收入从 1978 年的 343.4 元攀升至 2011 年的 21810 元，增长了近 63 倍，而农村居民人均纯收入从 1978 年的 133.6 元上升至 2011 年的 6977 元，增加了 51 倍多；城镇居民人均可支配收入和农村居民人均纯收入的绝对差距呈现出不断拉大的态势，从 1978 年的 209.8 元升至 2011 年的 14833 元。城乡居民的收入差距曾一度缩小，1983 年城乡居民的收入比为 1.82∶1，为改革开放以来的最低比值；但 20 世纪 80 年代初的农村黄金发展时期结束后，这一比值不断增大至 2009 年的 3.33∶1。因此，无论是绝对值还是相对比值，城乡居民收入差距都呈现出了不断扩大的趋势。

（2）地区间居民收入差距拉大。区域之间居民收入差距呈现扩大趋势，主要表现为东部地区居民收入远高于其他地区。从城镇居民来看，2009 年东、中、西及东北部地区①城镇居民人均可支配收入分别为 20953.2 元、14367.1 元、14213.5 元和 14324.3 元，比 2008 年分别增长 9.1%、8.6%、9.6% 和 9.2%；东部地区与中、西、东北部的绝对差距比 2008 年分别扩大了 608.5、507.4、545.1 元。从农村居民来看，地区间收入差距也较为显著，东部收入最高，东北部地区次之，中部第三，西部最低。2009 年东、中、西及东北部地区农村居民人均纯收入分别为 7155.4 元、4792.8 元、3816.5 元和 5456.6 元，比上年分别增长 8.4%、7.6%、8.5% 和 7.0%；东部地区农村居民的绝对收入远远高于其他三个地区，就增速而言，东部地区也位于四个地区的前列。

---

① 东部地区：北京、天津、河北、上海、江苏、浙江、福建、山东、广东、海南。中部地区：山西、安徽、江西、河南、湖北、湖南。西部地区：内蒙古、广西、重庆、四川、贵州、云南、西藏、陕西、甘肃、青海、宁夏、新疆。东北地区：辽宁、吉林、黑龙江。

（3）行业间居民收入差距拉大。我国各行业之间收入差距也在明显拉大，垄断行业的高薪问题更是近些年各方讨论的热点话题。从 2003～2010 年我国行业间人均工资来看，农、林、牧、渔业的工资历年来均处于最低位，8 年来的工资绝对值增加了 9833 元；而人均工资最高的行业金融业，其工资绝对值增加了 49366 元，比农、林、牧、渔业多了近 40000 元。金融业与农林牧渔业的人均工资比值由 2003 年的 3.02：1 上升至 2010 年的 4.20：1，而 2008 年这一比例更是达到 4.29：1。

（4）城乡内部居民收入差距拉大。城镇居民收入基尼系数由 1978 年的 0.16 上升至 2010 年的 0.32；按照中国统计年鉴的分类，城镇居民分为七个收入等级，其中，最高收入组与最低收入组的绝对收入差从 1997 年的 8089.82 元上升至 2010 年的 46692.42 元，之间的比值也从 4.74：1 变动为 10.85：1，2005 年这一比值达到了 11.53：1。农村居民收入基尼系数从 1978 年的 0.21 上升至 2009 年的 0.39；根据农村居民的住户调查资料，最高收入组与最低收入组的年均纯收入之差由 2002 年的 5038.5 元上升至 2010 年的 12179.89 元，之间的比值也从 2002 年的 6.88：1 变动为 2010 年的 7.51：1。

以上分别从功能性收入分配和规模性收入分配的不同视角，观察了我国居民收入的两个典型事实。实际上，这两个典型事实存在高度的相关性。自 20 世纪 90 年代中后期开始，国外经济学家们的研究重心开始由规模性收入分配回归到功能性收入分配，以探求劳动报酬在要素收入分配中占比下降的问题（Dholakia，1996；Blanchard，1997；Bentolila and Saint-Paul，1998；Hofman，2001；Harrison，2002；Daudey and Garcia，2007；等等），得出"劳动报酬占比越高，收入差距越小"之类的结论，而这个结论的另一面就是"劳动报酬占比下降，会加大收入差距"。在国内，"工资侵蚀利润"到"利润侵蚀工资"的转变（罗长远和张军，2009)[①] 形象地描述了我国劳动报酬占比

---

① 罗长远，张军. 劳动收入占比下降的经济学解释——基于中国省级面板数据的分析 [J]. 管理世界，2009 (5).

下降的事实①。陈宗胜早在 1994 年《经济发展中的收入分配》一书中就提出收入的功能分配对规模分配的决定作用；而程恩富、胡靖春和侯和宏（2011）也肯定了这两者之间的正相关关系。杨俊宏（2009）则更为直接地认为，劳动报酬占比的逐年下降使贫富差距逐渐拉大，造成了富者越富、穷者越穷的"马太效应"。

1.1.3 收入差距拉大与居民消费不振——一个简单的推导

莱维·巴特拉在其所著《1990 年大萧条》（中译本，上海三联书店1988 年版）一书中曾指出，"大萧条"的真正原因是财富的集中。虽然巴特拉更强调的是财富而不是收入，但很显然，财富集中的主要原因正是收入的集中。国内许多学者也都较为一致地认为居民收入占 GDP 比重的持续下滑及收入分配差距的不断扩大，是造成近年来我国居民消费需求不足的最主要原因。

在此，使用凯恩斯的简单消费函数，即 $C = \alpha + \beta Y$，对收入差距拉大与居民消费不振这两者之间的关系进行数学推导。

《中国统计年鉴》中，城镇家庭户按收入等级被划分为七个层次，而农村居民家庭被五等分。在此，为了简化研究，仅假设有高收入人群和低收入人群两个群体。其中，低收入人群的人均收入为 Y_l，高收入人群的人均收入为 Y_h，低收入人群的人口数为 P_l，高收入人群的人口数为 P_h，则有：

$$Y = Y_l P_l + Y_h P_h \tag{1.1}$$

$$Y_l / Y_h = 1/y \tag{1.2}$$

$$P_l / P_h = 1/p \tag{1.3}$$

其中，y 反映了低收入群体和高收入群体之间的收入差距。

---

① 莱斯特·瑟罗在莱维·巴特拉《1990 年大萧条》一书的序言中，将经济问题类比为狼和鹿的关系，如果狼把鹿都吃完了，狼自身也要灭亡；相反，如果狼灭亡了，鹿在一个时期可能会成倍地增加，但最终它们的成员会变得太多，以至于因缺少食物而死去。因此，无论是"工资侵蚀利润"还是"利润侵蚀工资"，都会对经济系统产生极为不利的影响。

根据凯恩斯的消费函数，假设全体居民的边际消费倾向为β，低收入群体和高收入群体的边际消费倾向分别为β_l和β_h，因为边际消费倾向递减，可以认为$0 < \beta_h < \beta_l < 1$。

则有：

$$
\begin{aligned}
C &= \alpha + \beta Y \\
&= (\alpha_l + \beta_l Y_l) P_l + (\alpha_h + \beta_h Y_h) P_h \\
&= (\alpha_l P_l + \alpha_h P_h) + \beta_l Y_l P_l + \beta_h Y_h P_h
\end{aligned}
\tag{1.4}
$$

由式（1.1）、式（1.2）和式（1.3）可得$Y = Y_l P_l + py Y_l P_l$，进一步可以得到：

$$
Y_l = \frac{Y}{(1 + py) P_l}
\tag{1.5}
$$

将式（1.5）代入式（1.4），得到：

$$
C = (\alpha_l P_l + \alpha_h P_h) + \frac{\beta_l + py \beta_h}{1 + py} Y
$$

结合$0 < \beta_h < \beta_l < 1$，则有总体居民的边际消费倾向：

$$
\beta = \frac{\beta_l + py \beta_h}{1 + py} = \frac{(1 + py) \beta_h - (\beta_h - \beta_l)}{1 + py} < 1
$$

对y求偏导，得出$\dfrac{\partial \beta}{\partial y} = \dfrac{p(\beta_h - \beta_l)}{(1 + py)} < 0$，说明收入差距与消费倾向呈现反方向变动的关系，即收入差距的拉大不利于消费。

经济体系是一个循环系统，任何一个环节出现问题都会对整个系统的运行产生影响。居民收入过低和收入差距拉大，在很大程度上制约了居民消费需求的增加，在"需"的方面引发了我国20世纪90年代中后期的市场低迷现象。而1997年金融危机之后，外部环境的转好为国内市场低迷提供了良好的解决途径，外需和投资开始代替居民消费成为新的经济增长动力源。但外需这一增长源在十多年后终于又因2008年全球性的经济危机而大幅萎缩；同时，内需中投资和消费失衡显著。如何提振居民消费需求不得不被重提，并被放在重中之重的位置。然而居民消费的提振又要求提高居民收入、缩小收入差距，再度回归到问题的原点。而解决这一问题，实际上意味着国家在公平和效率之间的抉择。

1.2 研 究 意 义

1.2.1 研究我国收入分配问题的重要性

古典政治经济学集大成者李嘉图在其巨著《政治经济学原理》中关于阶级冲突的表述是对收入分配重要性的第一次阐述：土地及其表面上产出的所有那些由劳动、机器和资本联合使用得到的商品，要在三个社会阶级间进行分配，即土地的所有者、股份或耕种所必需资本的所有者，以及辛勤劳作的劳动者。但是在社会的不同阶级，土地全部产出的所有权（在地租、利润和工资的名义下分配给每一个阶级）却有着根本的不同……确定调节分配的法则是政治经济学的基本问题。

自此，收入分配成为经济学家们一直感兴趣的一个话题，有些学者甚至把收入分配看成是比"稀缺"或"效率"更为重要的经济问题。

但经济学家们又较为一致地将公平和效率对立了起来，认为讲求效率必然丧失公平，而要公平则会牺牲效率。

约翰·穆勒（John Mill，1948）在其《政治经济学原理》一书中指出，只有在落后国家，生产的增长才是依然重要的目标。在最发达的国家，经济所需要的是更好的分配。哈里·约翰逊（Harry Johnson，1964）在其《货币、贸易与经济增长》一书中也指出，在经济效率和社会公众之间存在冲突。该冲突的程度或重要性依经济发展的状况而不同。国家越发达，其公民越希望收入分配公平，必要的话可以接受较高的税收以纠正它……收入水平越高，再分配政策引起的增长率下降问题就越小。发达国家有能力为社会公平牺牲一定的增长，但是对于处于经济发展较低水平的国家来说，公平的代价是巨大的……

从我国的收入分配制度来看，自改革开放以来，一直在效率和公平之间进行选择。首先，只顾公平不讲效率的"平均主义"和"大锅饭"的分配方式被打破，开始了真正意义上的社会主义按劳分配制度；其次，以按劳分配为主体、其他分配方式为补充的分配制度，兼顾效率和公平。为了更好地促进经济发展，又提出以按劳分配为主体、多种分配方式并存的分配制度，以及后来的按劳分配和按生产要素分配结合，将兼顾效率和公平转变为"效率优先、兼顾公平"。随着我国经济的高速发展，改善民生成为政府面临的一个重要课题，而日益拉大的收入差距成为政府首要破解的难题，因此，分配制度又将公平和效率放在同等重要的位置，并更加关注公平[①]。在未来，更有可能逆转公平和效率的地位，经济的可持续发展需要更合理的分配制度。

1.2.2　研究我国城镇居民收入差距的意义

居民收入差距在过去30多年中持续扩大，对经济的持续增长、社会公平与稳定都提出了挑战。在中国城乡二元经济分割的背景下，城镇与农村居民收入差距问题具有一定的独立性。中国社会科学院经济研究所收入分配课题组（2002）的研究表明，城镇居民收入差距和农村居民收入差距的成因并不相同，城镇主要是由于产业结构调整因素，而农村则主要是由于发展（农村工业化）的因素。[②] 罗楚亮（2004）也认为改革因素的影响在城镇居民收入差距的形成过程中较为显著。[③]

据国家统计局的公布数据，2011年我国城镇人口数已达69079万人，占总人口比例达51.27%。这是我国城镇化进程中的一个重大突破，从侧面也反映了我国工业化进程中的成果。然而，欣喜之余，却发现城镇中的贫困问题日益凸显。改革开放以来，特别是20世纪90年代以来，城镇居民经

---

① 即初次分配和再分配都要处理好效率和公平的关系，再分配要更加注重公平。
② 中国社会科学院经济研究所收入分配课题组，我国居民收入分配趋势与对策，北京社会科学年鉴（2003），选自《新华文摘》2002年第10期，执笔人：张平。
③ 罗楚亮. 城镇居民收入差距的发展因素与改革因素［J］. 上海经济研究，2004（1）.

历了企业改革、工资体制改革、住房改革、教育改革、医疗改革等一系列的改革。

改革开放初期,受"平均主义"及"大锅饭"等传统分配思想的影响,城镇居民收入均等化程度很高。相比农村居民而言,经济发展和改革深化对城镇居民产生了更为深远的影响,也使城镇居民收入差距的变动更具特殊性。就基尼系数①来看,农村居民基尼系数从 1978 年(0.21)到 2009 年(0.39)上升了 0.18;而城镇居民 2009 年(0.34)的基尼系数则是 1978 年(0.16)的 2.13 倍。城镇的居民收入差距问题要比农村更为严峻,两极分化更加显著。近些年来,城镇居民的贫富分化,更是不断刺激着民众的神经,对社会稳定产生了极大的负面影响。

通过对城镇居民收入差距的研究,不仅有助于我们探寻城镇居民收入差距演变的真正原因,更加深入地认识居民收入差距问题,也有助于我们去解决城镇居民收入差距日益拉大所造成的困局,因此,具有较强的现实意义。

同时,改革开放以来,城镇居民收入差距的拉大,有着极为复杂的原因,既包括居民个体的差异,也包括经济发展和制度变迁所带来的冲击等。我们很难用某个单一原因或者理论来加以诠释。在现有研究中存在着重技术、轻思想的倾向,往往是改进国外的模型和技术对中国数据进行分析。而本书依据我国的国情,初步归纳并提炼出能够反映我国宏观经济基本特征的假设体系,并在此基础上对城镇居民收入差距问题进行研究,因此,具有一定的理论意义。

1.3 相关概念的界定

在具体的研究之前,需要对一些相关概念进行界定。

---

① 本章基尼系数的数据来源:张东生. 中国居民收入分配年度报告(2010)[M]. 北京:经济科学出版社,2010 年:附表 12。

1.3.1 基本概念

1. 家庭总收入及其来源

家庭总收入可能有各种来源，一般是指该家庭中生活在一起的所有家庭人员从各种渠道得到的所有收入之和。家庭总收入包括工资性收入、经营净收入、财产性收入和转移性收入①。

2. 城镇居民人均可支配收入

城镇居民人均可支配收入是指家庭总收入扣除交纳的个人所得税和个人交纳的各项社会保障支出之后，按照居民家庭人口平均的收入水平。

在实践中，并不会去调查全国所有家庭的收入情况，而是通过各省、市、县的调查队，对6.5万调查户进行调研，获取原始资料，并经审核无误后提交给国家统计局，而后国家统计局再运用超级汇总的方式，计算城镇居民人均可支配收入。计算公式为：

$$城镇居民人均可支配收入 = \frac{\sum 城镇居民家庭可支配收入 \times 调查户权数}{\sum 城镇居民家庭人口数 \times 调查户权数}$$

3. 城镇人口

城镇人口是指居住在城镇范围内的全部常住人口；从事的产业为非农业

---

① 工资性收入是指就业人员通过各种途径得到的全部劳动报酬，包括所从事主要职业的工资以及从事第二职业、其他兼职和零星劳动得到的其他劳动收入，应包括国有单位职工工资、集体单位职工工资、集体及其他经济类型单位职工工资、被聘用或留用的离退休人员收入、其他就业者收入、其他劳动收入。经营净收入是从事生产经营活动获得的净收入，是全部生产经营收入扣除生产成本和税金（不含个人所得税）后所得的收入，主要包括个体经营劳动者收入。财产性收入是家庭拥有的不动产和动产所获得的收入，包括出让财产使用权所获得的利息、租金、专利收入和财产营运所获得的红利收入、财产增值收益等，主要包括财产性收入和出售财产收入。转移性收入是国家、单位、社会团体对居民家庭的各种转移支付和家庭间的收入转移。包括政府对个人收入转移的离退休金、失业救济金、赔偿等；单位对个人收入转移的辞退金、保险索赔、住房公积金、家庭间的赠送和赡养等。主要包括转移性收入和特别收入。

生产性产业为主的人群及其家庭；城镇人口占比的高低反映出一个地区的工业化、城镇化或城市化水平。

根据第六次全国人口普查，中国 31 个省、自治区、直辖市（不包括港澳台地区）和现役军人的人口中，居住在城镇的人口为 665575306 人，占 49.68%；居住在乡村的人口为 674149546 人，占 50.32%。而据国家统计局资料，2011 年底我国城镇居民已占总人口的 51.27%。

4. 行业分类

行业是指从事国民经济中同性质的生产或其他经济社会的经营单位或者个体的组织结构体的详细划分。根据《中国统计年鉴》中的资料，我国行业分类进行过三次调整，第一次是在 1978～1992 年，分为农、林、牧、渔业等 19 个行业；1993～2002 年在这 19 个行业的基础上增加了其他项；2003 年开始重新划分类别，分为新的 19 个行业[①]。

1.3.2 时间维度和跨度选择

收入数据一般涉及一个定义完整的观测周期，比如一年、一个月或是一周。单位时间的长度对收入差距的测度会产生一定的影响。由于统计数据的限制，本书的时间单位选择为一年。

本书研究的是改革开放以来城镇居民收入差距问题，总体的时间跨度为 1978～2010 年，在具体分析和研究中，数据基本在此跨度范围之类。其中，由于某些年份的原始统计数据（公布数据）缺失，只能通过其他相关文献或者统计推算来获取。

---

① 包括农、林、牧、渔业，采矿业，制造业，电力、热力、燃气及水生产和供应业，建筑业，批发和零售业，交通运输、仓储业和邮政业，住宿和餐饮业，信息传输、软件和信息技术服务业，金融业，房地产业，租赁和商务服务业，水利、环境和公共设施管理业，居民服务、修理和其他服务业，教育，卫生和社会工作，文化、教育和娱乐业，公共管理、社会保障和社会组织，国际组织。

1.3.3 收入概念的说明

按照收入分配的顺序，一般可以将收入分配划分为三个层次，即初次分配、再分配及第三次分配。初次分配是一个通过出售生产要素获取收入的过程；而再分配是指政府对初次分配的结果，通过税收、政策、法律等手段，对要素收入再次调节的过程；第三次分配也是对初次收入的再调节，但其主体不再是政府机构，而是非营利机构。根据家庭总收入各来源的定义，我们可以将工资性收入、经营净收入和财产性收入划归分配的第一个层次，即初次分配；而转移性收入则要划归再分配和第三次分配。

本书主要讨论的是城镇居民的收入差距，而城镇居民最主要的收入来源实际上是工资性收入。2010 年城镇居民的人均工资性收入占总收入比重仍高达 65%，讨论城镇居民工资性收入差距对研究城镇居民的收入差距是十分必要的。因此，本书将对我国城镇居民行业间工资性收入差距作专门的分析。在对城镇居民地区间收入差距进行测度时，将使用人均可支配收入。

1.4 主要研究方法、 研究内容与结构安排

1.4.1 主要研究方法

本书主要采取文献研究、理论研究、比较研究、实证研究等方法。

（1）文献研究。力求在全面梳理和分析现有文献资料的基础上，综述收入差距的相关文献，并做出评述，对预防性储蓄动机的研究作相关综述。

（2）理论研究。以构建我国宏观经济理论基本假设体系为本书的理论基础，在此基础上分析城镇居民收入差距演变的成因，分析引进技术、资本投入对地区间经济差距、收入差距及行业间工资差距的影响。

（3）比较研究。将我国的区域划分为发达地区和欠发达地区以及东、中、

西部三个区域和东、中、西、东北部四个区域。对比分析区域间的经济差距和收入差距，对比研究东、中、西部三个区域城镇居民预防性储蓄动机强度的演变。

（4）实证研究。在对居民收入差距与工资差距进行测度的基础上，利用相关理论和经济计量模型，从实证的角度分别考察引进技术和资本投入对城镇居民收入差距的影响、对地区间城镇居民收入差距的影响、对行业间城镇居民工资差距的影响。

1.4.2　研究内容与结构安排

本书总体分为 8 章。

第 1 章为绪论部分；第 2 章为关于居民收入差距相关文献的综述；第 3 章为理论假设部分；第 4 章到第 6 章为理论分析部分；第 7 章为实证检验部分；第 8 章为政策建议部分。主要内容如下。

第 1 章，绪论。本章对选题背景、研究意义进行阐述；对书中将会使用的相关概念进行界定，确定研究的时间维度和跨度；概括主要研究方法和研究内容，并指出创新和不足。

第 2 章，居民收入差距的国内外研究综述。本章主要对居民收入差距的测度、类别、成因及其经济后果等四个方面的已有文献进行综述。其中，国内外对收入差距的测度已经具备很高的水平，但却没有一个统一的标准，因此，计算出来的值也大相径庭；对各类居民收入差距的研究往往会和测度及成因研究交织在一起；对收入差距拉大的成因研究所受关注度最高，形成了多种观点；关于居民收入差距拉大的经济后果的研究相对较少，主要集中在对消费需求和经济增长的影响方面。本章将结合国内外学者的相关研究，主要对这四个方面做一理论上的综述。国内已有文献多是基于西方的研究方法，结合中国的数据来加以分析，有时并未能全面考虑一个有特色的发展中大国的基本经济特征。我们认为，初步构建中国宏观经济理论的基本假设体系，并尝试在此假设体系下分析我国的收入分配问题可能更具现实意义。

第 3 章，中国宏观经济理论假设体系初探。收入差距的拉大是收入分配制度造成的，但收入分配制度又是宏观经济特征决定的。讨论我国的收入差距问题，必须基于我国宏观经济的基本特征。因此，对中国宏观经济理论假设体系进行探析十分必要。基于这一目的，本章初步构建了中国宏观经济理论假设体系，即生产力不平衡结构、国家强动员能力及引进式技术进步机制三大假设。据此，可以将我国宏观经济的基本特征概括为，以生产力不平衡结构下的引进式技术进步为核心，以国家强动员能力为保障的经济增长模式。相比发达国家而言，我国的经济增长可能是"结构性"的，即在引进技术进步的前提下，主要依靠高端行业和发达地区经济的加速增长来带动经济总量的增长。

第4章，宏观经济理论假设体系下的城镇居民预防性储蓄动机问题研究。本书关于居民收入差距问题研究的逻辑起点来源于居民消费需求不振。但我国作为一个传统的储蓄大国，居民储蓄率一直保持较高的水平，从20世纪90年代中后期开始，很多学者将我国居民消费需求不足归因于过高的预防性储蓄动机。那么，目前居民消费不振的主要原因究竟是收入分配问题还是储蓄动机问题？在研究城镇居民收入差距的演变及成因之前，有必要做一个排除性的说明。基于我国宏观经济理论假设体系下经济增长的"结构性"特征，本章重点考察了经济"结构性高增长"下的城镇居民预防性储蓄动机问题；研究结果表明我国城镇居民的预防性储蓄动机强度自2004年后持续减弱，目前已不再是我国城镇居民消费需求不振的最主要原因。在此前提下，讨论我国城镇居民的收入差距问题，将更具有针对性。

第5章，宏观经济理论假设体系下的分配制度变迁与城镇居民收入差距。本章在宏观经济理论假设体系下，重点探讨了我国改革开放以来分配制度的变迁；在此基础上，分析了改革开放各阶段居民收入来源的变化。同时，利用非等分组的基尼系数计算公式，测度了我国城镇居民收入基尼系数，其结果显示出我国城镇居民收入差距日益拉大的总体趋势。在使用居民收入各来源部分占比与城镇居民收入差距进行实证检验后发现，城镇居民收入差距与工资性收入占比之间互为 Granger 因果关系，并存在较强的负相关关系。可以认为在收入分配制度变迁中，工资性收入占比与其他收入来源占比的此消彼长，引发了城镇居民收入差距的拉大；而不断偏向于"效率"的分配制度变迁，又源于我国宏观经济发展中的基本特征。

第 6 章，宏观经济理论假设体系下的城镇居民收入差距的演变与成因。我国的经济增长主要依靠国家强动员能力保障下的引进式技术进步得以实现，但这种"结构性高增长"也带来了诸多问题。目前最为显著的莫过于居民收入差距的拉大，如城乡收入差距、地区间收入差距、行业间工资差距、城镇和农村内部收入差距等，而这些收入差距又可能相互交织在一起。针对本书研究的重点，本章在我国宏观经济理论假设下，通过基本的理论分析和数理推演，重点讨论了我国城镇居民地区间收入差距和行业间工资差距，并得出若干结论。在对相关数据进行分析的基础上，分别测度了城镇居民地区间收入和行业间工资的泰尔指数，发现收入差距的演变趋势基本符合本章的分析结论。

第 7 章，引进式技术进步、资本投入与城镇居民收入差距的实证检验。从前面章节的分析中，可以发现在中国宏观经济的基本特征假设下，居民收入差距的拉大有其必然性，而引进技术进步和资本投入变动都可能是拉大城镇居民收入差距的重要原因。但我国的实际情况是否符合理论分析呢？引进式技术进步、资本投入与城镇居民收入差距之间究竟是何种关系？这些问题都在本章通过实证分析来检验。本章实证主要利用 VAR 模型和空间状态模型，分别从城镇居民收入基尼系数变动、城镇居民地区间收入差距变动及行业间工资收入差距变动三个方面进行检验，发现引进技术和资本投入对这三个方面的影响较为显著，基本佐证了第 6 章的理论分析。

第 8 章，基本结论和政策建议。本书在宏观经济理论假设下，分析了我国城镇居民地区间收入差距、行业间工资差距演变的成因，发现引进式技术进步、资本投入、劳动力流动及垄断等都是引致城镇居民收入差距拉大的原因。如何转变技术进步方式、加速国内技术扩散及应对行业垄断等，都将对缩小城镇居民收入差距产生深远的影响。因此，本书主要从自主创新、产业转移、劳动力合理流动及行业垄断等方面提出了政策建议。

此外，考虑到各省市内部，可能存在的收入差距问题。本书在附录中整理了 1989 年、1991 年、1993 年、1997 年、2000 年、2004 年、2006 年、2009 年八个年份，贵州、广西、辽宁、黑龙江、江苏、山东、湖南、湖北、河南九个省份的城镇居民收入微观调查数据（CHNS），并对每组数据进行了非参数核密度估计，讨论了九个省份内部的城镇居民收入变动情况。

1.4.3 总体框架结构

总体框架结构如图 1－1 所示。

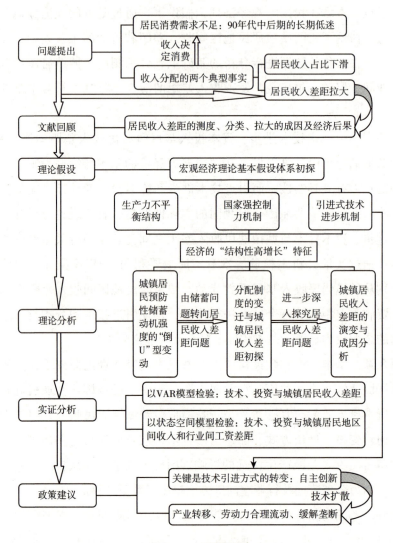

图 1－1 总体框架

1.5　主要创新和不足之处

本书可能的创新之处主要有两点：一是对中国宏观经济理论假设体系进行了初探，并据此将我国宏观经济发展的基本特征初步概括为以生产力不平衡结构下的引进式技术进步为核心、以国家强动员能力为保障的"结构性"经济增长模式；二是尝试在宏观经济理论假设体系下研究我国城镇居民的收入差距问题，并提出技术进步方式的转变可能是解决我国城镇居民收入差距问题的关键所在。

不足之处主要有三点：一是在构建我国宏观经济理论假设体系前，未能对西方经济学基本假设中的平衡结构特征进行深入分析，而如何理解并分析西方主流经济学中基本假设的含义以及一系列平衡结构特征下的基本结论将是未来进一步研究的方向；二是我国宏观经济纷繁复杂，本书初探的宏观经济理论假设体系并不一定全面，主要是起到"抛砖引玉"的作用，很多工作还需要继续完善；三是由于部分数据的缺失和自身技术手段的有限，在衡量指标的选取和实证分析上，可能不够精确，只能初步揭示了变量间的基本关系。

表 1-2　　　　　　　　　　　　1978～2010 年进出口额　　　　　　　　单位：亿元

年份	进出口总额	出口总额	进口总额	进出口差额
1978	355	167.6	187.4	-19.8
1979	454.6	211.7	242.9	-31.2
1980	570	271.2	298.8	-27.6
1981	735.3	367.6	367.7	-0.1
1982	771.3	413.8	357.5	56.3
1983	860.1	438.3	421.8	16.5
1984	1201	580.5	620.5	-40
1985	2066.7	808.9	1257.8	-448.9
1986	2580.4	1082.1	1498.3	-416.2
1987	3084.2	1470	1614.2	-144.2
1988	3821.8	1766.7	2055.1	-288.4
1989	4156	1956.1	2199.9	-243.8
1990	5560.1	2985.8	2574.3	411.5
1991	7225.8	3827.1	3398.7	428.4
1992	9119.6	4676.3	4443.3	233
1993	11271	5284.8	5986.2	-701.4
1994	20381.9	10421.8	9960.1	461.7
1995	23499.9	12451.8	11048.1	1403.7
1996	24133.8	12576.4	11557.4	1019
1997	26967.2	15160.7	11806.5	3354.2
1998	26849.7	15223.6	11626.1	3597.5
1999	29896.2	16159.8	13736.4	2423.4
2000	39273.2	20634.4	18638.8	1995.6
2001	42183.6	22024.4	20159.2	1865.2
2002	51378.2	26947.9	24430.3	2517.6
2003	70483.5	36287.9	34195.6	2092.3
2004	95539.1	49103.3	46435.8	2667.5
2005	116921.8	62648.1	54273.7	8374.4
2006	140974	77597.2	63376.9	14220.3
2007	166863.7	93563.6	73300.1	20263.5
2008	179921.5	100394.9	79526.5	20868.4

续表

年份	进出口总额	出口总额	进口总额	进出口差额
2009	150648.1	82029.7	68618.4	13411.3
2010	201722.1	107022.8	94699.3	12323.5

资料来源：中经网统计数据库。

表 1 - 3   **1978～2010 年最终消费率与居民消费率**

年份	最终消费（亿元）	居民消费（亿元）	GDP（亿元）	最终消费率（%）	居民消费率（%）	最终消费贡献率（%）
1978	2239.1	1759.1	3645.2	62.1	48.26	39.4
1979	2633.7	2011.5	4062.6	64.4	49.51	87.3
1980	3007.9	2331.2	4545.6	65.5	51.28	71.8
1981	3361.5	2627.9	4891.6	67.1	53.72	93.4
1982	3714.8	2902.9	5323.4	66.5	54.53	64.7
1983	4126.4	3231.1	5962.7	66.4	54.19	74.1
1984	4846.3	3742	7208.1	65.8	51.91	69.3
1985	5986.3	4687.4	9016	66	51.99	85.5
1986	6821.8	5302.1	10275.2	64.9	51.6	45
1987	7804.6	6126.1	12058.6	63.6	50.8	50.3
1988	9839.5	7868.1	15042.8	63.9	52.3	49.6
1989	11164.2	8812.6	16992.3	64.5	51.86	39.6
1990	12090.5	9450.9	18667.8	62.5	50.63	47.8
1991	14091.9	10730.6	21781.5	62.4	49.26	65.1
1992	17203.3	13000.1	26923.5	62.4	48.29	72.5
1993	21899.9	16412.1	35333.9	59.3	46.45	59.5
1994	29242.2	21844.2	48197.9	58.2	45.32	30.2
1995	36748.2	28369.7	60793.7	58.1	46.67	44.7
1996	43919.5	33955.9	71176.6	59.2	47.71	60.1
1997	48140.6	36921.5	78973	59	46.75	37
1998	51588.2	39229.3	84402.3	59.6	46.48	57.1
1999	55636.9	41920.4	89677.1	61.1	46.75	76.8
2000	61516	45854.6	99214.6	62.3	46.22	65.1
2001	66933.9	49435.9	109655.2	61.4	45.08	50.2
2002	71816.5	53056.6	120332.7	59.6	44.09	43.9

续表

年份	最终消费 （亿元）	居民消费 （亿元）	GDP （亿元）	最终消费率 （%）	居民消费率 （%）	最终消费贡 献率（%）
2003	77685.5	57649.8	135822.8	56.9	42.44	35.8
2004	87552.6	65218.5	159878.3	54.4	40.79	39.5
2005	99051.3	72652.5	184937.4	52.9	39.28	37.9
2006	112631.9	82103.5	216314.4	50.7	37.96	40
2007	131510.1	95609.8	265810.3	49.5	35.97	39.2
2008	152346.6	110594.5	314045.4	48.4	35.22	43.5
2009	166820.1	121129.9	340902.8	48.2	35.53	47.6
2010	186905.3	133290.9	401513	47.4	33.2	36.8

资料来源：中经网统计数据库，并经整理后而得。

第2章
居民收入差距的国内外研究综述

目前，对我国居民收入差距的研究主要集中于四个方面，即居民收入差距的测度、类别、成因及其经济后果。其中，国内外对收入差距的测度已经具备很高的水平，但却没有形成一个统一的标准，因此，计算出来的值也大相径庭，而具体使用何种方法来进行测度，还是要根据研究者的需要而定；对各类居民收入差距的研究往往会和测度及成因研究交织在一起；收入差距拉大的成因研究所受的关注度最高，形成了多种观点；关于居民收入差距拉大经济后果的研究相对较少，主要集中在对消费需求和经济增长的影响方面。本章将梳理国内外学者的研究，对关于我国居民收入差距的相关文献作理论综述。在后面的章节中，根据写作内容的需要，会有更具针对性的文献综述。

2.1　居民收入差距测度的研究综述

测度居民收入不平等程度（差距）的最简单方法是使用标准差和差异系数（标准差与均值之比）。但这两个指标的使用虽然简单，却未能被广泛应用，主要是由于差异系数没有考虑收入分配的偏斜度，也即是缺少对统计数据分布偏斜方向及程度的度量，差异系数有确定的下限0，但却没有上限，可能会受到极端值的影响。

帕累托（Pareto，1897）在其《政治经济学教科书》中提出了"收入分配定律"，并给出了一个 α 值，被称为帕累托的 α 值。但其验证的结果由于缺少相关的数据，并不可靠。他的继承者美国数学家戴维斯（Davis，1941）在《经济学中的时间序列分析》中对该定律进行了改进，推测当 α 的绝对值显著高于1.5时会导致右翼发起贵族阶级革命；当 α 的绝对值显著低于1.5时会导致左翼发起无产阶级革命，α 值会随着时间而增长，经济发展的最终趋势是降低不平等程度。但由于基尼系数等指标的出现，已经很少有人再使用帕累托的收入分配定律来衡量居民收入差距。

2.1.1 基尼系数

1. 基尼系数与洛伦茨曲线

从20世纪50年代起，基尼系数逐渐成为世界上运用最广泛的综合考察居民收入差异状况的一种指标，用以衡量收入平均差距对总体期望值的偏离程度，能够较为直观地反映居民收入差距，我国学者也经常运用这一指标。我们往往会认为基尼系数来源于洛伦次曲线①，但事实上基尼系数并非是由洛伦兹曲线派生而来。洛伦茨曲线和基尼系数是几乎同时但彼此独立地被美国统计学家洛伦茨和意大利统计学家基尼用于研究收入差距的问题（见图2－1）。基尼（Gini，1912）从数学上论证了基尼系数与洛伦兹曲线的几何含义是一致的。

---

① 1905年，洛伦茨将社会总人口按收入由低到高的顺序平均分为10组，每个组均占10%的人口，再计算每个组的收入占总收入的比重，以收入的个体人数累计百分比作为横坐标，其范围为0～100；以个体总收入的累计百分比作为纵坐标，其范围同样为0～100。将观测值在坐标系中连接起来，构成了一条反映居民收入差距的曲线，即洛伦茨曲线。如图2－1所示。该曲线的斜率等于该点的收入与平均收入的比值，当斜率为0.5时，表示在这一点左边的人口拥有少于均值一半的收入。如果收入分配是完全平等的，则洛伦茨曲线就是一条斜率为45度并且通过（0，0）和（100，100）的直线；如果收入分配极端不平等，如所有的收入归一人所用，那么洛伦茨曲线就会退化为垂直线。收入越不平等，位于洛伦茨曲线和平等线之间的空间越大，可以将该空间认为是"集中区"（S_A）。在完全不平等的情况下，集中区会与平等线下方的三角区（$S_A + S_B$）近乎相等，之间比例为1；在完全平等的情况下，集中区的面积为0。

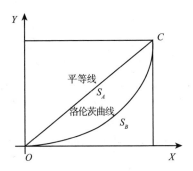

图 2 - 1　洛伦茨曲线与基尼系数

但基尼系数这一指标被广泛使用的一个重要原因可能正是它把不平等程度在图形中解释为洛伦茨曲线与对角线之间的面积与整个三角形面积之比。基尼系数（G）的简单表达式[①]为：

$$G = \frac{S_A}{S_A + S_B} \tag{2.1}$$

2. 基尼系数的改进

显然式（2.1）是最为简单明了的基尼系数计算表达式，但实际的可操作性不强。为了更好地描述社会收入分配的状况，基尼于 1912 年首次提出了一种不均等指数及其计算方法，即：

$$\Delta = \frac{1}{n(n-1)} \sum_{j=1}^{n} \sum_{i=1}^{n} |Y_j - Y_i| \tag{2.2}$$

其中，Δ 表示基尼系数；$|Y_j - Y_i|$ 表示任何一对收入样本差的绝对值；n 表示样本容量；u 表示收入均值。

为了寻求更有效的估算方法，学者们（Riccim，1916；Daltom，1920；Yntema，1938；Atkinson，1970；Sheshinski，1972；等等）进行了有益的探索。定义：

[①]　在该式中，当 S_A 为 0 时，G 也为 0，表示收入分配绝对平等；当 S_B 为 0 时，G 为 1，表示收入分配绝对不平等。G 越大，表示越不均等；G 越小，表示越均等。

$$G = \Delta/2\mu, \qquad (2.3)$$

其中，$0 \leqslant G \leqslant 1$。

很容易证明：

$$G = \Delta/2\mu = 2 S_A$$

而由 $G = \dfrac{S_A}{S_{A+B}}$ 可以得到 $S_{A+B} = \dfrac{1}{2}$，因此，式（2.3）中定义的 G 即为基尼系数，综合式（2.2）、（2.3），可以得到基尼系数的计算方法为：

$$G = \frac{1}{2n^2 u} \sum_{j=1}^{n} \sum_{i=1}^{n} |Y_j - Y_i| \qquad (2.4)$$

1997 年，迪顿（Deaton）给出了基尼系数的直接测度公式：

$$G = \frac{1}{un(n-1)} \sum_{i>j} \sum_{j} |Y_i - Y_j| \qquad (2.5)$$

然而以上的公式都需要收入以等分组的形式出现，但在现实的数据中，并不一定都是等分组的形式，如何使用非等分组数据来研究基尼系数？2000年，托马斯、王和范（Thomas，Wang and Fan）给出了非等分组基尼系数计算公式：

$$G = u^{-1} \sum_{i=2}^{N} \sum_{j=1}^{i-1} p_i |Y_i - Y_j| p_j \qquad (2.6)$$

其中，N 表示总分组数；Y_i 和 p_i 分别表示收入 i 的平均水平和组 i 的人口占总人口的比重。

3. 基尼系数的分解问题

基尼系数的难点是其分解问题[①]，很多学者对此进行了研究（Bhatachary and Mahalanobis，1967；Pyatt，1976；Mookherjee and Shorroeks，1982；等等），但他们的分解方法都无一例外地会产生一个交叉项，使基尼系数的分解

---

① 按组群分解时，组群之间的样本有时会存在交叉重叠的情况，容易产生交叉项。在没有重叠的情况下，交叉项为零。

不能完全。目前，比较常用的是桑德鲁姆（Sundrum，1990）提出的一种分解
方法。其计算全体居民基尼系数的公式为：

$$G = p_1^2 \frac{Y_1}{\overline{Y}} G_1 + p_2^2 \frac{Y_2}{\overline{Y}} G_2 + p_1 p_2 \left| \frac{Y_2 - Y_1}{\overline{Y}} \right|$$

其中，G 表示居民收入基尼系数；$\overline{Y}$ 表示全体居民的人均收入；G_1 表示农村居
民收入基尼系数；p_1 表示农村居民占总人口的比重；Y_1 表示农村居民的人均收
入；G_2 表示城镇居民收入基尼系数。p_2 表示城镇居民占总人口的比例；Y_2 表示
城镇居民的人均收入。

但由于基尼系数作为总体上衡量收入差距的统计指标，只要存在交叉项，
其在不同人群组之间就无法完全分解（Cowell，2000；李实，2000）。因此，
科威尔（Cowell，2000）给出了更为一般的基尼系数分解公式：

$$G = \sum_{j}^{J} w_j G_j + I_b + \varepsilon(f_j) \tag{2.7}$$

其中，G 表示基尼系数；G_j 表示第 j 组内部的基尼系数；w_j 表示该组权重；I_b 表
示组间的差距系数；ε 表示相互作用项（交叉项）；f_j 表示各组内部收入分配。

此外，计算基尼系数的方法有很多，徐宽（2003）[①] 较为详细地介绍了
几何方法、基尼的平均差方法等几种计算基尼系数的方法，此处不再赘述。

4. 国内学者的研究及论战

针对本书中可能需用运用的计算方法，在此介绍两位国内学者的基尼系
数计算公式。

一是陈昌兵（2007）的基尼系数计算公式，即：

$$G = \sum_{i=1}^{N} W_i Y_i + 2 \sum_{i=1}^{N-1} W_i (1 - V_i) - 1 \tag{2.8}$$

其中，W_i 表示按收入分组后的人口数占总人口的比重；Y_i 表示按收入分组后

---

① 徐宽. 基尼系数的研究文献在过去八十年是如何拓展的［J］. 经济学季刊，2003（4）.

各组人口所拥有收入占收入总额的比重；V_i 表示 Y_i 表示从 $i=1$ 到 i 的累计数，如 $V_i = Y_1 + Y_2 + Y_3 + \cdots + Y_i$。

二是胡祖光（2004）提出了一种计算城乡混合基尼系数的简易方法。他认为，基尼系数近似地等于 20% 最高收入者收入比重与 20% 最低收入者收入比重之差。这一方法虽然较为简单，但经过与其他计算的基尼系数值相比较，十分接近。

2000 年前后，国内学术界引发了一场关于基尼系数的论战，陈宗胜教授和李实教授在《经济研究》上发表数篇论文[1]，对基尼系数的测算进行了探讨和商榷。陈宗胜认为基尼系数的估算必须先根据收入由高到低对样本数据进行分层，而李实则对此持反对意见，认为不仅不需要分层，还认为分层计算可能会带来误差。直接利用科威尔教授编写的 INEQ 软件及 Stata 统计软件所依据的基尼系数的计算公式，可以直接从微观（分户或个人）数据计算基尼系数。周文兴（2003）对两人的论战做了一篇综合评述类的文章，认为李实和陈宗胜的分歧主要集中于对误差项的大小的判断上[2]。而国内缺乏比较一致公认的总体基尼系数系列数据，可能是造成这种争论的最重要原因。

基尼系数作为一种测算收入分配状况的方法，也有学者对其进行了质疑，如顾海兵（2002）在《基尼系数批判》一文中认为基尼系数难以反映合理分配或公平分配的本质，而测度数据真实性也是一个有待斟酌的问题。2002 年 1 月 7 日，《光明日报》发表采访厉以宁教授的文章，厉以宁提出了在二元结构下，分别计算城乡基尼系数的观点；随后，当年的 2 月 26 日，徐振斌在《人民日报》上发表类似观点的文章；对此魏文彬认为这种二元分算法的计算结果会掩盖城乡居民间收入差距加大的事实。[3]

鉴于基尼系数自身的特点，将其作为一种衡量收入差距变动的指标是合

---

① 陈宗胜. 中国居民收入分配差别的深入研究——评《中国居民收入分配再研究》［J］. 经济研究，2000（7）；李实. 对收入分配研究中几个问题的进一步说明——对陈宗胜教授评论的答复［J］. 经济研究，2000（7）；陈宗胜. 关于总体基尼系数估算方法的一个建议［J］. 经济研究，2002（5）；李实. 对基尼系数估算与分解的进一步说明［J］. 经济研究，2002（5）.

② 周文兴. 中国总体基尼系数测定问题——兼评"陈宗胜 – 李实论战"并与陈宗胜教授商榷［J］. 南开经济研究，2003（3）.

③ 魏文彬. 质疑基尼系数二元分算法［N］. 人民法院报，2002 – 3 – 8.

理的，但其能否反映分配的"公平"程度还有待商榷。在运用这一系数时，如果涉及组群分解，必须要考虑是否存在交叉项。

2.1.2 泰尔指数

泰尔（Theil，1967）根据 *Shannon* 所创立的信息论中平均信息量①（*entropy*）概念的一个类推，提出泰尔熵指数（泰尔指数），开创性地构建了这种分析收入不平等的度量方法。作为衡量个人之间或者地区间收入差距的指标，泰尔指数经常被国外学者所使用，泰尔指数越大，表明收入差距越大。

泰尔指数也有很多种不同的公式。在萨拉·伊·马丁（Sala i. Martin，2002）的工作论文（The Disturbing "Rise" of Global Income Inequality）中，泰尔指数被衍生为一个特定情形下更为通用的熵指数②，即：

$$T = \sum_{i=1}^{m} s_i \ln\left(\frac{y_i}{\bar{y}}\right) + \sum_{i=1}^{m} s_i \ln\left(\frac{y_{ij}}{y_i}\right)$$

其中，y 表示人均收入；$\bar{y}$ 表示人均收入的平均水平；i 表示各个国家；j 表示个人；s 表示占比份额（如 $s_{ij} = y_{ij}/N\bar{y}$，N 为人口数）。

国内学者也较多地使用泰尔指数这一指标，如林毅夫、蔡昉和李周（1998）以及古斯塔夫森、李实（1999）利用泰尔指数对地区间、城乡间等收入差距进行了测度和分析；薛守刚和周云波（2005）将城镇居民按性别、年龄、文化程度、单位类别、职务等类别进行分组，分别考察了各组的组内与组间的泰尔指数；岳希明、李实和史泰丽（2010）通过泰尔指数分解法测算了教育、行业垄断等因素对收入差距的贡献率，发现教育的贡献率最大，其次是垄断；苑林娅（2008）使用泰尔指数对城乡之间、区域间、行业间的收入差距进行测度，并对基尼系数和泰尔指数的优缺点进行了对比。

以上是对基尼系数和泰尔指数这两类测度指标进行的简要综述。此外，

① 平均信息量是分布中被期望的信息，是信息论中度量被传送的信息时所采用的一种平均值，泰尔将其应用于收入分配。
② 具体的推演过程参看本章附录。

林宏和陈广汉（2003）在《居民收入差距测量的方法和指标》一文中总结了若干种人口收入份额度量方法，如库兹涅茨系数、阿鲁瓦利亚指数和收入不良指数等，在此不再赘述。这些度量方法的优势在于简单易行，但存在的问题也十分明显，只能度量收入阶层之间的差距，而阶层内部的差距是难以被度量的。

究竟用何种指标来度量收入差距更为准确？似乎并没有一个定论，大多数学者都会根据他们具体研究的问题、各种测度方法的特点以及数据的可获得性来进行指标的选取。本书在测度收入差距时使用了基尼系数和泰尔指数两个指标。在不涉及组群分解问题或没有交叉项的前提下，将使用基尼系数来进行测度；但若存在涉及交叉项的组群分解时，或需要衡量组内差距和组间差距对总差距的贡献时，则使用泰尔指数进行测度。

2.2 不同类别居民收入差距的研究综述

在我国的经济发展过程中，出现了较为明显的居民收入差距拉大。其中，至少包含了四类居民收入差距，即城乡收入差距、城乡内部收入差距、地区间收入差距和行业间工资差距。

2.2.1 城乡居民收入差距

城乡居民收入差距是发展中国家居民收入差距中最为重要的一个因素，国内外学者们对此研究无论是从定性分析还是从定量分析来看，均十分丰富。国外如从二元经济结构来分析的刘易斯（Lewis，1954），提出著名的倒 U 型经济增长与收入分配关系的库兹涅茨（Kuzenets，1955），从制度进行分析的巴罗（Barro，1996），从城市偏向政策（"剪刀差"政策）分析的舒尔茨（Schurz，1978）和安德森（Anderson，1976）等学者，其研究都已成为分析城乡居民收入差距的经典文献，并被广泛地运用到其他诸如城乡内部、区域之间收入差距的分析之中。而在他们研究的基础上，国内如陈宗胜（1991），赵人伟、李实和张平（1998），蔡昉和杨涛（2000），以及林毅夫和刘明兴（2003）等学者，也分别对我国城乡居民收入差距进行了研究，佐证了城乡收入差距是构成我国居民收入差距的最主要因素，并阐释了造成这种差距的原因，如经济增长因素、改革因素、政策因素及区域间发展的不平衡因素等。

2.2.2 城乡内部居民收入差距

20 世纪 70 年代末，国外学者开始对发展中国家农村居民收入的不平等现象进行探究，主要讨论集中在农村劳动力向城市流动是否会加大农村居民的收入不平等（Chinn，1979；Lipton，1980；Stark and Bloom，1985；Taylor，1986；Rodriguez，1998；等等）。当然，针对不同的国家，得出的结论并不相同。国内学者也对农村居民内部收入差距进行了较为丰富研究，如政治制度对农村居民收入差距的影响（沈艳和姚洋，2006）；非农业收入对农村居民收入差距的影响（朱玲，1992；段庆林，1999；辛翔飞等，2008）；人力资源（教育）对农村居民收入差距的影响（高梦滔和姚洋，2006；万广华，2004）；等等。

由于我国居民城镇收入差距在近些年才日益显著，因此，对于这一问题的专门研究并不是十分丰富。牛飞亮（2000）在其博士论文《制度变迁中的城镇居民收入差距分析》中较早地探讨了转型期的国内城镇居民收入差距问题，认为 2000 年左右我国城镇居民收入差距处于倒 U 曲线的上升期；而周云波、马草原（2010）也认为城镇居民的收入差距存在倒 U 特征。薛守刚和周云波（2005）将造成城镇居民收入差距的原因归纳为职业、职务及教育程度等因素。同时，国内的二次分配对城镇居民收入差距未能起到很好的弱化作用（陈建东和夏柱兵，2011）。当然，更多的关于城镇居民内部收入差距问题的研究实际上包含在了地区间和行业间居民收入差距的研究之中。

2.2.3 地区间居民收入差距

我国居民收入的地区间差异十分显著，国内外学者对此进行了诸多分析。

坎布尔（Kanbur）和张（Zhang）在其 2004 年出版的 *Fifty years of regional ine-quality in China* 一书中表明，新中国成立以来的地区间居民收入差距呈现波动特征，出现过三次收入差距的高峰，其中有两次发生在改革开放前；都井（Tsui，1991、1993）的研究在一定程度上支持了他们的研究结论，即认为我国的地区间收入差距在计划经济时代就已存在，而这种差距无论是计划经济时代的强财政转移方式还是进入 20 世纪 80 年代后的再分配制度，都未能达到预期效果。而蔡昉、王德文和都阳（Cai Fang，Wang Dewen and Du Yang，2002）对我国改革开放初级阶段收入数据的研究结论表明，我国地区间居民收入差距呈现先降后升的 V 型特征；里昂（Lyons，1991）的研究表明，我国出现明显的地区间收入差异是在 20 世纪 80 年代初期；这与罗楚亮等（2006）通过测度各类居民收入差距系数得出我国居民地区间收入差距是伴随着改革开放的进程不断拉大的结论较为一致。

同时，国内学者关于地区间居民收入差距拉大成因的研究，形成了几种具有代表性的观点。一是政策和制度变迁（赵人伟与李实，1997；王小鲁和樊纲，2005）；二是地区间经济发展的差异，即出现"俱乐部收敛"、地区间居民收入差距的拉大以及区域内的收入差距缩小（Lin，Cai and Li，1998；Cai and Du，2000；范剑勇，2008）；三是劳动力区域间流动（蔡昉，2003；林毅夫和刘明兴，2004）；四是经济全球化（Wei and Wu，2001；万广华、陆铭和陈钊，2005）。

2.2.4 行业间居民工资收入差距

随着行业垄断问题的日益突出，我国行业间工资差距已逐步成为城镇居民收入差距拉大的一个重要原因（陈钊、万广华和陆铭，2010）。蔡昉（2005）通过测度行业工资的基尼系数，发现行业间工资差距逐步拉大，2000年后出现了加速的趋势；李实和罗楚亮（2007）的研究也发现 2000 年后垄断行业和竞争行业间的收入差距出现加速拉大的态势。而国外的行业间工资差距也同样较为显著，海尔维奇（Helwege，1992）和艾伦（Allen，1994）的研究表明，美国行业间工资差距长期存在。

国外关于行业间居民工资收入差距的研究主要集中在效率工资理论和人力资本理论两个方面，但由于研究方法和数据上的差异，并没有形成较为一致的结论。如关于效率工资对行业工资差距的影响研究，克鲁格和萨默斯（Krueger and Summers，1988）和布莱克（Black，1991）的结论相左；而布莱克本（Blackburn，1992）和马丁斯（Martins，2004）关于人力资本对于行业工资差距影响的研究结论也是相反的。与国外的研究不同，国内关于行业间收入差距的研究结论较为一致，即垄断是造成行业间收入差距的最主要因素。一般而言，垄断行业比其他行业更易获得超额利润。傅娟（2008）及岳希明、李实和史泰丽（2010）等运用不同的方法对垄断行业的高收入进行分解，分析了垄断行业高收入的成因。除了垄断这一最主要因素之外，地区差异、教育差异、所有制差异、性别差异等也会对行业间工资收入差距产生一定影响（王美艳，2005；张车伟和薛欣欣，2008；尹志超和甘犁，2009；陈钊、万广华和陆铭，2010；王忠和李彩燕，2011；等等）。

2.3　居民收入差距变动成因的研究综述

在 2.2 节关于我国各类居民收入差距的研究综述中，对于造成各类收入差距的类别作了简单的归纳，在此，将更为详细地对引起居民收入差距变动的成因进行分类综述。

2.3.1　经济增长说——关于倒 U 假说的国内外争论

关于经济增长是否造成了收入差距的变动，是经济学家们讨论较多的一个命题，而这一命题主要集中在关于倒 U 假说的讨论。自 1955 年库兹涅茨提出倒 U 假说后，大量的研究都在试图证实或者证伪倒 U 假说。罗宾逊（Robinson，1976）基于二元经济的划分提出了著名的罗宾逊曲线，推导了倒 U 现象存在的必然性；奥旺（Ogwang，1994）使用非参数回归框架下的函数形式，运用核方法估计了不平等和人均收入之间的关系，为倒 U 假说提供了证据；

阿德尔曼和莫里斯（Adelman and Morris，1973）与巴罗（2000）的研究也都证实了倒 U 假说。然而，中国台湾和韩国在经济腾飞过程中出现的居民收入差距稳定甚至是下降的现象，为学者们证伪倒 U 假说提供了现实素材。费等（Fei et al.，1979）对中国台湾地区经济发展的研究及戴宁格尔和斯夸尔（Deininger and Squire，1996）对 108 个国家的相关研究均证伪了倒 U 假说。阿南德和坎布尔（Anand and Kanbur，1993b）则指出必须要对不同的函数形式交叉检验，因为它们有的支持倒 U 假说，有的不支持。在做了一系列详尽的检验后得出的结论是：对于质量高于阿鲁瓦利亚（Ahluwalia，1976b）所用的数据集及其所支持的函数形式来说，倒 U 假说未能获得支持。

在国内研究中，除了王检贵（2000）质疑了罗宾逊的模型外[1]，多数学者的研究证实了我国居民收入存在倒 U 趋势，如杨俊和张宗益（2003）、郭熙保（2002）与尹恒、龚六堂和邹恒甫（2005）等学者的研究都证实了收入分配不平等与经济增长间存在一定程度的库兹涅茨倒 U 形关系。

2.3.2 市场转型说

部分学者对于改革开放中制度转型和经济转型引发的收入差距变动进行了研究。例如，魏杰和谭伟（2005）认为，收入分配不公主要是制度层面的问题，这一问题的解决可以提供公平的收入分配环境，缓解收入差距过大的问题；李实（2001）的研究也证实了制度转型这一观点。马宇文（2002）则认为，市场机制的不健全是造成我国居民收入差距扩大的重要原因，而分配过程公正是缩小我国居民收入差距的基本前提；陈宗胜（1994）通过对收入分配差距倒 U 曲线的数学论证，得出倒 U 曲线的具体位置取决于特定的经济体制；刘精明（2006）也佐证了行业间不同程度的市场化改革会对收入差距产生一定影响。

---

[1] 在有些情况下，如农业部门内部差距比城市部门大、两部门收入差距较小，倒 U 形曲线不一定发生。

2.3.3 比较优势说

以林毅夫为代表的比较优势说认为，遵循比较优势的发展战略，有利于收入分配问题的解决。发展中国家由于人口基数大，发展劳动密集型产业是其比较优势，如果发展中国家遵循这一原则，不仅有利于解决失业问题，还可以增加劳动者收入。而中国之所以出现高增长下的收入差距日渐扩大的问题，究其原因，主要是中国未能按照比较优势来制定赶超战略，而在了为保证赶超战略实施而设置的劳动力流动障碍，也在一定程度上扩大了收入差距（林毅夫、蔡昉和李周，1994；林毅夫、庄巨中、汤敏和林暾等，2008）。

龚刚（2008）对《以共享式增长促进社会和谐》一书进行了评述[①]，在认同遵循比较优势发展对发展中国家重要性的同时，也指出中国一味地发展劳动密集型产业是不能解决收入差距问题的，关键的问题是技术、知识及人口素质。

2.3.4 财产收入说

国外学者通过定性及定量分析的方法，得出初始财富的公平会降低经济发展中出现的收入差距（Galor and Zeira，1993；Banerjee and Newman，1993；Alesina and Rodrik，1994；Benabou，1996）。初始财富显然要涉及了居民的财产性收入问题，而我国的财产收入分布差距拉大的一个重要原因就是住房改革及房地产市场的迅猛发展。李实等（2005）的研究表明，城镇公有住房的私有化过程改变了城镇内部的财产分布，导致了国内财产分布差距拉大。而冯涛和王宗道（2010）则认为，由于房地产市场的渐进式改革缺乏彻底性，引致了居民财产性收入的分配不公，而房地产价格波动的财富分配效应日渐显现。此外，居民金融资产的不断上升，对总财产分布不均

---

① 龚刚. 和谐社会与共享式增长——评林毅夫、庄巨忠等所编《以共享式增长促进社会和谐》[J]. 经济学（季刊），2008（10）.

的推动作用会日益增大（李实等，2005），但杨新铭（2010）却认为，虽然财产性收入日益重要，但现代金融产品收益并不能构成居民财产性收入的最主要来源。

2.3.5　人力资市说

将人力资本引入资本理论框架后，人力资本被认为是导致收入差距的重要因素之一。明瑟（Mincer，1958）建立了一个接受培训量与个人收入之间的经济数学模型，而模型显示了人力资本投资量与工资水平的正相关性。贝克尔和奇斯威克（Becker and Chiswick，1966）采用微观分析方法分析人力资本的相关问题，提出了人力资本投资收益均衡模型，认为人力资本存量和人力资本投资不同会导致收入不平等，收入不平等则可能反作用于经济增长，当然，这种反作用可能是促进也可能是阻碍。卢卡斯（Lucas，1993）则以人力资本决定经济增长的观点来阐释发达国家与发展中国家收入差距（生活水平差距）的原因。

李实、赵人伟和张平（1998）分析了我国多层次的收入分配趋势，认为人力资本收益的差距是收入分配差距拉大的合理因素；杨俊和张宗益（2003）提出，经济发展不是决定收入分配变动的主要因素，只有人力资本积累才是促进居民收入差距缩小的有效手段；张若雪和张涛（2008）同样认为，经济增长并不必然伴随着收入差距的扩大，但没有杨俊和张宗益（2003）说得那么绝对，而是认为人力资本的积累有助于缩小收入差距。王从军和钱海燕（2005）、杜鹏（2005）以及岳昌君和吴淑蛟（2005）等均认为，作为人力资本形成的一个重要环节，受教育机会的不公平是造成中国收入分配差距（行业间工资差距）的最主要原因。

此外，国内学者还将垄断问题视为引发收入差距变动的一个重要因素，这在第2.2节探讨行业间收入差距中有所论述，可参看如蔡昉等（2005）、李实和罗楚亮（2007）、傅娟（2008）以及岳希明、李实和史泰丽（2010）等人的研究。

2.4　居民收入差距引发经济后果的研究综述

居民收入差距的适度拉大，是有利于经济增长的。以我国改革开放为例，在改革开放初期，由于打破了平均主义"大锅饭"的分配制度，实行社会主义的按劳分配，极大地提高了劳动者的劳动积极性，有利于经济增长。同时，在这一时期，资本是我国最为匮乏的生产要素，而收入差距显然有利于资本的积累。根据凯恩斯边际消费倾向递减的假设，随着收入的增加，消费倾向会下降，也可以理解为富人的储蓄倾向要高于穷人。因此，收入差距的扩大会有利于资本积累，进而促进我国的经济增长。① 但居民收入差距的过度拉大会加剧贫富差距，影响社会的公平正义，不利于社会的安定团结。其引发的最主要经济后果是导致社会消费需求不足，而消费需求不足又引发内需和外需的失衡及内需中投资和消费的失衡，最终会导致经济系统无法良性循环。王少平和欧阳志刚（2007）通过对中国数据的研究，得出我国的城乡收入差距在改革开放初期促进了经济增长，而现阶段则阻碍了经济增长。这在一定程度上佐证了居民收入差距适度拉大和过度拉大对经济增长的不同作用。

根据凯恩斯（Keynes，1936）提出的边际消费倾向递减假设，收入分配差距扩大，会促进财富向少数人手中集中，由于其边际消费倾向递减，会导致社会总体的消费需求下降。作为后凯恩斯主义的杰出人物卡莱茨基（Kalecki，1971）和温特劳布（Weintraub，1983）也认为收入分配是消费的决定性因素。

余永定和李军（2000），朱国林、范建勇和严燕（2002），曾国安和胡晶晶（2006），臧旭恒和裴春霞（2007），方福前（2009），杨天宇和侯玘松（2009）等国内学者，也都较为一致地认为，中国改革开放以来收入分配差距

---

① 新剑桥学派的一个重要的结论就是收入分配要向利润收入者倾斜，即在国民收入分配中，利润的比率应提高，而工资的比率应下降。经济增长是以收入分配差距拉大为前提的。经济增长的结果也必然进一步拉大收入分配差距（参见梁小民. 西方经济学教程［M］. 北京：中国统计出版社，1995：335）。

不断扩大，使中低收入者的购买能力和社会整体的平均消费倾向受到限制，进而造成中国居民的消费需求不足。①

此外，国外学者还从人力资本的角度阐释了收入差距对经济增长的影响。如加洛尔和莫夫（Galor and Moav，2004）认为，在经济转型期，人力资本代替了物质资本，成为经济增长的首要因素，此时，收入差距拉大不利于人力资本的形成，会阻碍经济增长。佩尔松和塔贝里尼（Persson and Tabellini，1994）以及阿吉翁、卡罗琳和加尔卡（Aghion，Caroli and Garca，1999）的研究结论也与这一观点基本一致。

2.5 本章小结

本章通过梳理相关文献，分别从收入差距的测度、各类居民收入差距、收入差距拉大的成因及其引发的经济后果等角度进行综述。当然这些研究之间也存在交叉，本章为了更清晰地综述已有研究，对其进行了分类和归纳。

已有文献为后续章节的进一步研究提供了有益的启示。其中，关于测度问题的研究，为测度城镇居民收入差距提供了较为科学的方法；关于收入差距成因问题研究的丰富文献，为在中国宏观经济理论假设体系下探讨城镇居民收入差距演变与成因奠定了基础；而关于经济后果研究的文献虽然没有其他研究的丰富，却构成了本书研究收入差距问题的主要动机和逻辑基础。

但比较遗憾的是，多数国内文献主要是借鉴西方经济学的研究方法，将其"中国化"后，结合相关数据来加以分析，未能全面考虑我国作为一个有特色的发展中大国的基本经济特征。笔者认为，初步构建中国宏观经济理论的基本假设体系，并尝试在此假设体系下分析我国的收入分配问题，可能更具有针对性。

---

① 在绪论中已对"收入差距拉大导致居民消费不振"这一命题作了简单证明。

附录　通用泰尔熵指数的推演：

$$T_t = \frac{1}{N_t} \sum_{i=1}^{m} \sum_{j=1}^{Nit} \frac{y_{ijt}}{\bar{y}} \ln\left(\frac{y_{ijt}}{\bar{y}}\right)$$

其中 y 表示人均收入；N 表示人口数；i 表示各个国家；j 表示个人；t 表示时间；$\bar{y}$ 表示世界人均收入的平均水平。将 N_t 移入运算符 $\sum$，同时，可以忽略时间指数 t，得到：

$$T = \sum_{i=1}^{m} \sum_{j=1}^{N_i} \frac{y_{ij}}{N\bar{y}} \ln\left(\frac{y_{ij}}{\bar{y}}\right)$$

$\dfrac{y_{ij}}{N\bar{y}}$ 表示个人和国家的加权求和，是指个人收入（国家 i 中的个人 j 的收入）在世界总收入中的份额。

对泰尔指数加减 $\displaystyle\sum_{i=1}^{m} \frac{N_i y_i}{N\bar{y}} \ln(y_i)$ 这一表达式，可以得到：

$$T = \sum_{i=1}^{m} \sum_{j=1}^{N_i} \frac{y_{ij}}{N\bar{y}} \ln\left(\frac{y_{ij}}{\bar{y}}\right) + \sum_{i=1}^{m} \frac{N_i y_i}{N\bar{y}} \ln(y_i) - \sum_{i=1}^{m} \frac{N_i y_i}{N\bar{y}} \ln(y_i)$$

考虑到 $\ln\left(\dfrac{y_{ij}}{\bar{y}}\right) = \ln y_{ij} - \ln \bar{y}$，可以将 T 表示为：

$$T = \sum_{i=1}^{m} \sum_{j=1}^{N_i} \frac{y_{ij}}{N\bar{y}} \ln y_{ij} - \sum_{i=1}^{m} \sum_{j=1}^{N_i} \frac{y_{ij}}{N\bar{y}} \ln \bar{y} + \sum_{i=1}^{m} \frac{N_i y_i}{N\bar{y}} \ln(y_i) - \sum_{i=1}^{m} \frac{N_i y_i}{N\bar{y}} \ln(y_i)$$

为了简化标记，可以用 s 来表示占比份额，（如 $s_{ij} = y_{ij}/N\bar{y}$，是指国家 i 中的个体 j 的收入相对于世界总收入的占比），则有：

$$T = \sum_{i=1}^{m} \sum_{j=1}^{N_i} s_{ij} \ln y_{ij} - \sum_{i=1}^{m} \sum_{j=1}^{N_i} s_{ij} \ln \bar{y} + \sum_{i=1}^{m} s_i \ln(y_i) - \sum_{i=1}^{m} s_i \ln(y_i)$$

考虑右边的第二个代数加数式，加总一个国家内部所有个人的份额（相对于世界总收入）意味着国家收入份额（相对于世界总收入）。则有：

$$\sum_{i=1}^{m} \sum_{j=1}^{N_i} s_{ij} \ln \bar{y} = \sum_{i=1}^{m} s_i \ln \bar{y}$$

一个相似的变化可以用在第一个代数加数式上，则有：

$$\sum_{i=1}^{m} \sum_{j=1}^{N_i} s_{ij} \ln y_{ij} = \sum_{i=1}^{m} s_i \ln(y_{ij})$$

因而，可以得到：

$$T = \sum_{i=1}^{m} s_i \ln(y_{ij}) - \sum_{i=1}^{m} s_i \ln \bar{y} + \sum_{i=1}^{m} s_i \ln(y_i) - \sum_{i=1}^{m} s_i \ln(y_i)$$

若将第二和第三个加数式联合起来，则有：

$$- \sum_{i=1}^{m} s_i \ln \bar{y} + \sum_{i=1}^{m} s_i \ln(y_i) = \sum_{i=1}^{m} s_i \ln\left(\frac{y_i}{\bar{y}}\right)$$

很容易看到，这是一个测量各国收入差异的熵指数，因为这里是对比国家平均收入和世界平均收入。

若将第一和第四个加数式联合起来，则有：

$$\sum_{i=1}^{m} s_i \ln(y_{ij}) - \sum_{i=1}^{m} s_i \ln(y_i) = \sum_{i=1}^{m} s_i \ln\left(\frac{y_{ij}}{y_i}\right)$$

这是一个测量各国内部差异的熵指数，因为这里是对比个体收入和国家平均收入。

因此，最初的泰尔指数可以用下述方式表达，即：

$$T = \sum_{i=1}^{m} s_i \ln\left(\frac{y_i}{\bar{y}}\right) + \sum_{i=1}^{m} s_i \ln\left(\frac{y_{ij}}{y_i}\right)$$

或者

$$T = T_1 + T_2$$

第3章
中国宏观经济理论假设体系初探

　　讨论居民收入差距问题，不能脱离我国的基本国情。我国宏观经济发展有着较为鲜明的特征，既不同于发达国家，也不同于其他的发展中国家。因此，在对城镇居民收入差距的演变及成因进行深入分析之前，有必要对我国的宏观经济理论的基本假设体系进行探析，并进一步归纳出宏观经济发展的基本特征。

　　改革开放以来，中国为全世界展现了一种新经济发展道路，即在公有制基础上的市场经济模式。"走中国特色社会主义道路"的思想也已在改革开放中得以践行。这种全新的市场经济模式虽然存在相当多的问题，却并不影响其旺盛的生命力。然而，相比我国的社会主义市场经济的实践而言，我国的经济学创新却落在了后面。多年来，我国经济学研究更多是引进和学习西方经济学，用西方经济学有关理论来指导和研究中国宏观经济现实问题。但显然，西方经济学并非科学，也不是"世界经济学"。西方经济学是建立在一系列的特征假设之上，然而我们是否具备一样的特征假设呢？陈璋（2006）指出，西方经济学中的基本假设条件并不具有完全的一般性，特别是不完全符合发展中国家经济发展的基本特征。

　　西方主流经济学中最重要的特征假设是"均衡"，在微观经济学中是局部均衡，在宏观经济学中则是一般均衡，因此，可以将"均衡"问题视为西方经济学的核心。然而，这一核心假设的前提条件并不是我国或者是绝大多数发展中国家所具备的。同时，西方经济学所追求的平衡发展，强调经济的不同部门需要维持步调一致，以避免供应上的困难，如工业不能比农业超前太多，诸如运输、电力、供水等基础设施等所谓社会间接资本必须充分供应，以支持和鼓励工业的增长①。但我国由于城乡间、行业间及地区间的巨大差距，显然不具备平衡发展的条件，只能采取不平衡发展的战略。因此，远离"平衡"发展状态是十分正常的。而这些实际情况根本就是脱离了西方经济学基本假设，难以用西方经济学理论加以阐释。

陈璋和万光彩（2008）对于中国经济学提出了四个问题：一是中国经济学去向问题；二是发展中国经济学的必要性问题；三是中国经济学研究内容问题；四是中国经济学研究方法问题。然而，除了第一个问题被学者们讨论之外，其余三个问题似乎并没有太多人去关注。我们认为，研究我国宏观经济中的现实问题，必须要探寻我国宏观经济的基本特征假设，构建宏观经济理论假设体系，而不应该对西方经济学简单套用。中国的经济发展过程有其特殊性，其经济问题往往是结构问题占主导，因此，西方经济学的理论很难完全适用于我国的经济问题。探讨我国宏观经济的特征及构建符合我国宏观经济的理论假设体系，显得十分必要。袁江（2009）将中国经济的特征概括为以技术引进为主要实现方式，以国家强动员能力为制度保障，以经济增长快、资本积累多、创新能力弱、经济波动大、结构分化为最终结果；张超与陈璋（2011）则认为中国经济增长是源于生产力不平衡结构下的"中国式技术进步"。

陈璋与万光彩（2008）曾提出生产力不平衡结构、引进式技术进步及国家强动员能力等三个宏观经济假设条件；陈璋和李学林（2008）及李学林（2010）则进一步归纳为生产力不平衡结构、引进科学技术机制、过剩劳动力及强政府控制力等四个假设。这两类假设条件在实质上是相同的，过剩劳动力假设可以包含在生产力不平衡结构假设和国家强动员能力假设之中。

这些研究为本书提供了研究的基础，但这些文献对于其提出的宏观经济假设条件并未展开深入分析，对于各假设条件之间的关系也未能形成一个较为完整的体系。笔者认为，生产力不平衡结构、引进式技术进步机制和国家

---

① 赫希曼著，潘照东、曹征海译，潘光威校. 经济发展战略［M］. 北京：经济科学出版社，1992.

强动员能力这三个基本假设条件能在一定程度上涵盖我国经济发展中的特点。同时，这三大假设之间存在显著的联系，如生产力不平衡结构和国家强动员能力是我国引进式技术进步的前提和保障，而引进式技术进步加剧了生产力不平衡结构，同时，国家强动员能力又强化了这一结构。本书将对这三个假设条件进行更为深入的分析和拓展，以期能够初步形成一个较为完整的宏观经济理论假设体系，并在此基础上尝试概括我国宏观经济的基本特征。

3.1 生产力不平衡结构

1954 年，阿瑟·刘易斯开辟了研究发展中国家经济的新思路，即二元经济理论。随后，又经费景汉和拉尼斯、乔根森及托达罗等人加以完善和发展，如表 3 - 1 所示。许多国内学者也依据二元经济理论对中国的经济问题进行了分析。但该理论对我国来说是否完全适用呢？

表 3 - 1 二元经济结构理论

二元经济结构理论	经济部门划分	主要内容和观点
刘易斯模型（1954），《劳动力无限供给下的经济发展》	生存部门和资本主义部门	资本主义部门以高于生存部门的工资吸引其剩余劳动力，劳动力和资本最终都会成为稀缺要素，形成资本积累和劳动力供给之间的竞赛。刘易斯认为只要存在工资差距，资本主义部门的扩张就可以无限持续地进行下去，而生存部门的发展问题并不重要
费景汉—拉尼斯模型（1961），《经济发展的一种理论》	传统农业和现代工业	传统农业部门除了向工业部门提供所需要的劳动力之外，还会为工业部门提供农业剩余以满足工业部门的扩张需要。而这种劳动力转移与农业剩余之间显然是矛盾的，这种矛盾的结果是农业剩余供给的短缺和农产品价格的上涨。因此，农业部门和工业部门之间的平衡发展是二元结构向一元结构转变的关键①

---

① 费景汉和拉尼斯在他们的著作《劳动剩余经济的发展——理论与政策》中举了一个形象的例子来说明农业部门和工业部门之间平衡的重要性，即荒岛上的鲁滨逊，把他的时间第一天用来采集野果（一种农业生产活动），第二天消费一部分野果，同时编织一个渔网（一种工业资本货物），农业剩余就被引导到工业部门的实际资本形成之中。这样，鲁滨逊有必要在两个部门间配置他的劳动力，并且必须通过他所配给每个部门的时间，设法提高两个部门的总产出。

续表

二元经济结构理论	经济部门划分	主要内容和观点
乔根森模型（1967），《过剩农业劳动力和两重经济发展》	农业部门和工业部门	将农村剩余劳动力的流动归因于农业剩余和消费需求拉动，更强调农业的发展和技术进步对经济发展的作用
托达罗模型（1969），《在欠发达国家的劳动力转移和城市失业模型》	农业部门、城市中传统部门和现代部门	将收入预期现值的差异作为决定农业劳动力是否流动的因素

3.1.1　生产力平衡结构与不平衡结构

近些年来，由于信息技术产业的迅猛发展，颠覆了传统的经济结构。发达国家开始呈现出了"新的二元经济"特征；而发展中国家则开始由二元经济结构形态向三元经济结构形态转变。中国作为发展中大国，有着更为复杂的经济特征①，如现代工业和传统农业并存、现代化城市与落后农村并存、城市中现代产业与传统产业并存②、发达的东部沿海地区和落后的中西部地区并存等。由于这些复杂的经济特征，传统的二元经济结构并不能完全解释中国的经济问题。在此，我们将从生产力结构的视角来分析中国经济的特征。

1. 发达国家的生产力平衡结构

从生产力结构来看，西方经济学中诸多假设更多地反映了生产力结构一元化的经济特征，也即平衡结构特征。人类历史上生产力的主要飞跃（技术创新）均发生在西方发达国家，例如，18世纪60年代，以蒸汽机等一系列工

---

① 我国甚至可以找到从原始社会的刀耕火种到现代社会的信息技术的各种生产力形态。

② 托达罗认为，在城市居民本身存在失业的条件下，乡村非熟练劳动力一进城就获得进入工资率较高、工作稳定的城市"现代部门"工作的概率比较小。乡村劳动力进城后的工作过程可以分成两个阶段：首先，只能在工资比较低的城市"传统部门"中找到工作；其次，经过一定时期后，他们才能在城市"现代部门"找到永久性的工作。因此，在托达罗模型中，将城市中的产业划分为了传统产业和现代产业，具有二元性。

业机器的发明和应用为标志的第一次工业革命，不仅引发了社会经济结构的改变，加速了工业文明对农业文明的替代，也造就了发达国家和发展中国家的技术鸿沟；而此后的第二次工业革命、第三次科技革命①，更是让这些老牌的资本主义国家具备了极高的生产力水平。在它们的生产力演进过程中，主要依靠的是内在生产力进步，而不会受到外界更高级别生产力的冲击和影响；在其国内各行业、地区间，总体生产力可能会存在"量"的差别，但不会存在"质"的差异。因此，我们将西方发达国家的生产力结构看成是平衡状态的。陈璋（2006）将发达国家的生产力发展归因为一种"自然进化"的过程，其演进大多会经历类似产业生命周期的"孕育—诞生—成长—成熟—蜕变"的完整循环，而不受外来生产力的影响和冲击。

2. 我国的生产力不平衡结构

与发达国家相比，我国生产力处于一种不平衡结构的状态。发展中国家的生产力水平总是处于较低的阶段，我国作为生产力水平较为落后的发展中国家，与发达国家先进生产力存在"质"的差别。我国新质生产力的发展和形成会受到发达国家生产力的影响和示范，生产力的发展过程不再是一种"自然进化"的过程，而是一种"强制演进"的过程。在国内存在行业和地区间的生产力差异，虽然这种差别没有国内外生产力差异那么大，只是"量"的差别，但"强制演进"的过程又使这种差别不断拉大。

追溯我国生产力不平衡结构的历史，要从 1840 年开始。1840 年之前，我国的生产力水平相对均衡，但总体水平很低②；而 1840 年之后，我国开始出现的现代工业拉开了不平衡的序幕，但这种不平衡结构并不严重，工农业生产力总体水平仍然较低，差距较小。

我国生产力不平衡结构的真正形成源于生产力演进的两次加速。第一次

---

① 目前有第四次科技革命的提法，即新能源技术革命；也有将新生物学革命视为第六次科技革命的观点。因为提法并不统一，在此不做过多分析，仅列出前三次科技革命。但无论是第几次科技革命，都是源发于西方发达国家。

② 清朝以前，中国是世界上经济和技术比较发达的国家之一，但随着闭关锁国政策的实施，国内科技水平停滞不前，1840 年鸦片战争时已经十分落后。

加速是在新中国成立之后，由于特殊的历史原因和制度原因，国家并没有遵循"轻工业到基础工业再到重工业"的一般工业化进程，而是必须要走重工业超前发展的道路。因此，我国在短时间内实现了快速工业化，建立了完善的工业体系；但与此同时，农业生产力水平进步缓慢，农产品价格更是出现了停滞和倒退，加剧了生产力结构的不平衡。第二次加速发生在改革开放之后，由于发展重工业建立的完善工业体系，为改革开放后快速引进技术和资本打下了坚实的基础；然而，农业生产力水平在初始阶段（1978～1984 年）实现了短暂的提高之后（家庭联产承包责任制），进步速度依然缓慢，这也使得原本就不平衡的生产力结构更不平衡。实际上，这两次生产力的加速都源于引进技术，第一次主要是从苏联引进技术，第二次则是从西方发达国家引进技术。因此，引进技术进步在很大程度上加剧了生产力不平衡结构。当然，这里还涉及国家强动员能力的问题，国家在发展过程中的地区倾向和行业倾向也会加剧生产力不平衡结构。

就目前来看，这种生产力不平衡结构已经越来越难以支撑我国经济的高质量发展，可能会出现低端生产力的强制演进。

一是就高端生产力本身而言，是以高技术的劳动工具来减少对劳动对象的消耗，单位消耗量是下降的。但由于人们对高端产品需求增加，总的消耗量不断增加（如农产品作为原材料供给工业生产，虽然工业技术水平的提高会使单位消耗量降低，但我们看到的确是总消耗量的越来越大）。由于生产力不平衡结构，低端生产力的进步速度远远慢于高端，低端产品的供给终究难以满足高端生产，而这也可能导致低端生产力的强制演进。

二是由于我国大多数劳动力处于低生产力水平，其收入水平和消费水平偏低，这也限制了他们对高端产品的购买。改革开放以来，出口逐步成为拉动经济增长的重要动力源。究其原因，主要是因为对高端产品的需求多数来自国外。一旦外需不足，依靠内需替代较为困难。从这个角度来看，也需要低端生产力的快速演进，以与高端生产力相匹配，逐步向平衡结构转变。而在转变的过程中，最大的问题可能就是增长速度的放缓甚至是停滞。

3.1.2 我国生产力不平衡结构的表现

我国的生产力不平衡结构主要表现在产业间的生产力不平衡和地区间的生产力不平衡。

1. 产业间的生产力不平衡结构

通过各产业的生产力水平来考察产业间的生产力不平衡结构。在此，以人均 GDP 来表示生产力水平[①]。

从表 3 - 2 中可以看出，我国各产业的人均 GDP 差距较大，其中，第二产业人均 GDP 始终处于首位，与第一产业人均 GDP 的差距由 1978 年的 2150.05 元扩大到 2010 年的 3461.92 元（按 1978 年不变价格调整）。而第三产业的人均 GDP 与第一产业的差距则由 1978 年的 1421.41 元扩大到 2010 年的 2497.1 元。此外，可以较为明显地发现，1991 年之后，我国第二、第三产业的人均 GDP 提升很快，呈现出快速增加的趋势，而第一产业虽然也有所增长，但不是很显著。

表 3 - 2　　　1978 ~ 2010 年各产业人均 GDP（按 1978 年不变价格计算）　　　单位：元

年份	第一产业人均 GDP	第二产业人均 GDP	第三产业人均 GDP	第二产业和第一产业之比	第三产业和第一产业之比
1978	362.84	2512.89	1784.25	6.925615	4.917457
1979	412.27	2465.13	1577.79	5.979407	3.827079
1980	406.02	2451.87	1530.28	6.038791	3.768977
1981	428.93	2308.2	1483.16	5.381298	3.457814
1982	432.74	2145.2	1434.78	4.957249	3.315571
1983	430.28	2065.7	1372.35	4.800827	3.189435
1984	441.37	1904.99	1357.75	4.316084	3.076217

---

① 以人均 GDP 来表示生产力水平，可能不够精确。但考虑到生产力水平的测度较为复杂，数据收集也存在较大难度，同时，由于只是总体上对比地区间和行业间的生产力差异，并不要求十分精确的测度生产力水平，因此，通过人均 GDP 来衡量生产力水平，可以简化研究过程。

年份	第一产业人均GDP	第二产业人均GDP	第三产业人均GDP	第二产业和第一产业之比	第三产业和第一产业之比
1985	427.05	1930.33	1603.15	4.520150	3.754010
1986	424.89	1907.44	1618	4.489256	3.808044
1987	435.79	1911.48	1623.62	4.386241	3.725694
1988	459.77	2079.28	1772.64	4.522435	3.855493
1989	473.26	2240.01	1982.68	4.733149	4.189410
1990	461.77	1977.18	1744.98	4.281742	3.778894
1991	444.2	2111.38	1927.03	4.753219	4.338204
1992	431.4	2319.33	2033.05	5.376287	4.712680
1993	461.57	2746.07	2101.21	5.949412	4.552311
1994	577.18	3237.35	2303.11	5.608909	3.990280
1995	680	3647.16	2356.28	5.363471	3.465118
1996	728.39	3778.85	2354.65	5.187949	3.232678
1997	686.41	3757.03	2424.57	5.473449	3.532247
1998	646.85	3608.19	2489.94	5.578094	3.849331
1999	589.16	3565.2	2516.45	6.051327	4.271251
2000	545.64	3696.27	2570.05	6.774192	4.710157
2001	526.81	3705.85	2673.06	7.034510	5.074049
2002	502.71	3828.09	2651.93	7.614907	5.275268
2003	486.03	3968.57	2624.23	8.165278	5.399317
2004	565.36	4067.52	2612.64	7.194566	4.621197
2005	553.88	4073.58	2640.74	7.354626	4.767711
2006	551.87	4025.6	2689.49	7.293710	4.873412
2007	598.29	4003.6	2930.54	6.691738	4.898193
2008	659.81	4247.05	3067.01	6.436777	4.648323
2009	654.03	4011.22	3071	6.133083	4.695503
2010	704.86	4166.78	3201.96	5.9115	4.542689

资料来源：中经网统计数据库，并经整理后而得。

从图3-1中可以看出，第二产业与第一产业的人均GDP差距自改革开放后曾一度缩小（1978~1984年），主要是因为改革开放的第一阶段主要是解放农村生产力，家庭联产承包责任制和乡镇企业的蓬勃发展，有效地缩小了第一产业和第二、第三产业的生产力水平差距。随后，这一差距虽然有所拉大，但较为平稳。而 1992 年以后，第二产业人均 GDP 增速加快，拉开了与农业之间的差距，这主要是由于 1992 年以后掀起了改革开放的新高潮，工业部门大量引进外资和技术，劳动生产率快速提高；第三产业在这一阶段也蓬勃发展，但增速低于第二产业。2004 年以后，随着国家对农村问题的重视，第一产业与第二、第三产业的人均 GDP 差距有所缩小。

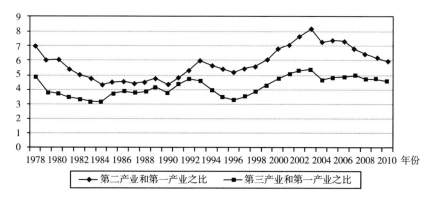

图 3-1　第二产业、第三产业与第一产业人均 GDP 之比

图 3-1 较为清晰地反映出我国三次产业之间人均 GDP 的较大差距。因此，可以认为，我国的生产力在各产业间发展极不平衡，产业间的生产力不平衡十分显著。这种结构差距在改革开放后曾一度缩小，但进入 20 世纪 90 年代后，特别是 1996 年以来，产业间人均 GDP 呈现出显著拉大的趋势；而第二与第三产业间的差距在 20 世纪 80 年代中后期已近乎消除，但随后却又开始拉大。

2. 地区间的生产力不平衡结构

地区间的生产力不平衡结构问题，使用东部地区与其他地区人均 GDP 的比值来进行分析（见表 3-3）。

表 3-3　　　1978~2010 年东部与中部、西部及东北部人均 GDP 比值

年份	东部与中部比值	东部与西部比值	东部与东北部比值
1978	2.5401	2.6468	1.3560
1979	2.3274	2.6515	1.3799

续表

年份	东部与中部比值	东部与西部比值	东部与东北部比值
1980	2.3989	2.6506	1.3440
1981	2.2929	2.5935	1.3584
1982	2.2721	2.5194	1.3618
1983	2.2102	2.5314	1.2816
1984	2.1739	2.5135	1.2845
1985	2.1931	2.4853	1.3432
1986	2.1695	2.4766	1.2875
1987	2.1938	2.5196	1.2466
1988	2.2469	2.5251	1.2835
1989	2.2112	2.5025	1.2835
1990	2.1445	2.3699	1.2888
1991	2.3691	2.5030	1.4046
1992	2.4965	2.6964	1.4685
1993	2.5565	2.5728	1.3891
1994	2.6448	2.6610	1.4439
1995	2.5690	2.6979	1.5250
1996	2.5126	2.6990	1.5243
1997	2.5235	2.7319	1.5433
1998	2.5685	2.7531	1.5824
1999	2.6501	2.7972	1.6169
2000	2.6563	2.8412	1.6103
2001	2.6411	2.8210	1.6368
2002	2.6762	2.8468	1.6827
2003	2.6820	2.8470	1.7353
2004	2.6136	2.8196	1.7978
2005	2.5970	2.7883	1.7794
2006	2.5598	2.6958	1.7649
2007	2.4609	2.6030	1.7382
2008	2.3425	2.4195	1.6587
2009	2.3005	2.3648	1.6236
2010	2.0946	2.1630	1.5082

资料来源：中经网统计数据库，并经整理后而得。

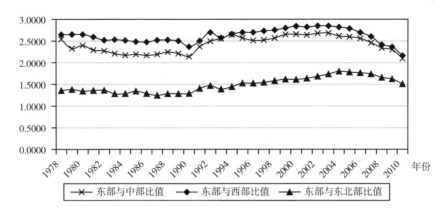

图 3-2　东部与中部、西部及东北部人均 GDP 比值

从图 3-2 中可以看出，东西部人均 GDP 比值在 2003 年后出现了下降，这应该是与国家的西部大开发战略有关。西部大开发加速了技术的扩散（产业转移），加大了对西部的投资，在一定程度上提高了西部的劳动生产率，缩小了东西部地区的生产力不平衡程度。而中部崛起和振兴东北战略的实施，也缩小了东部与中部及东北部的劳动生产率差异。

通过 1978 年、1993 年、2010 年三个年度的地区间人均 GDP 的对比（见表 3-4），可以看出地区间的生产力不平衡结构没有发生根本性的转变。上海、北京等发达省市 1978 年、1993 年、2010 年一直是人均 GDP 最高的省区，而贵州则是人均 GDP 最低的省份。但上海人均 GDP 与贵州人均 GDP 的比值，1978 年为 14.27429，1993 年为 8.694489，2010 年为 5.798765。说明地区间生产力不平衡结构有了一定的改善，究其原因，主要是因为地区间的技术扩散，特别是西部大开发、中部崛起、振兴东北等战略的实施。因此，发达地区的产业逐步向欠发达地区的合理转移，有利于生产力不平衡结构的改善。

表 3-4　　　　　　　　地区间人均 GDP 的变动情况表　　　　　　　　单位：元

1978 年		1993 年		2010 年	
省份	人均 GDP	省份	人均 GDP	省份	人均 GDP
贵州	175	贵州	1234	贵州	13119
广西	225	甘肃	1600	云南	15752

续表

1978 年		1993 年		2010 年	
省份	人均 GDP	省份	人均 GDP	省份	人均 GDP
云南	226	西藏	1624	甘肃	16113
河南	232	安徽	1785	西藏	17319
安徽	244	江西	1835	广西	20219
四川	262	四川	1854	安徽	20888
福建	273	河南	1865	四川	21182
江西	276	重庆	1870	江西	21253
湖南	286	陕西	1981	海南	23831
陕西	291	广西	1982	青海	24115
新疆	313	湖南	1997	河南	24446
海南	314	云南	2030	湖南	24719
山东	316	宁夏	2148	新疆	25034
内蒙古	317	山西	2271	山西	26283
浙江	331	湖北	2361	宁夏	26860
湖北	332	青海	2364	黑龙江	27076
甘肃	348	内蒙古	2423	陕西	27133
河北	364	河北	2682	重庆	27596
山西	365	吉林	2826	湖北	27906
广东	369	新疆	2964	河北	28668
宁夏	370	山东	3212	吉林	31599
西藏	375	黑龙江	3306	福建	40025
吉林	381	福建	3556	山东	41106
青海	428	海南	3755	辽宁	42355
江苏	430	江苏	4321	广东	44736
黑龙江	564	浙江	4469	内蒙古	47347
辽宁	680	辽宁	5015	浙江	51711
天津	1160	广东	5085	江苏	52840
北京	1290	天津	5800. 22	天津	72994
上海	2498	北京	8006	北京	75943
重庆	NA	上海	10729	上海	76074

资料来源：历年《中国统计年鉴》。

3.2   国家强动员能力

国家强动员能力是我国经济发展的一个显著特征。这一特征在新中国成立后保证了国家的快速重工业化,即通过农产品价格"剪刀差"[①],让农业以低廉的价格向工业部门提供剩余农产品,为重工业发展提供积累。

改革开放以来,尽管我国建立了社会主义市场经济体制,资源配置中市场的主体地位逐步被确立,但我国以公有制为基础的市场经济与发达国家的私有制市场经济是存在根本差异的。发达资本主义国家的市场经济是以市场调节为主,政府不干预或尽量少干预经济,而我国以公有制为基础的市场经济是需要由政府进行有效宏观调控的市场经济。

我国作为发展中国家的现实,使政府在市场经济中必须发挥重要作用。特别是在社会主义市场经济的初探期,资源的合理配置难以完全通过市场力量来实现,而资源的分散又会使经济增长无法找到突破点,导致整体经济发展缓慢;加之传统的多元经济结构根深蒂固,短期内难以打破,必须选择重点产业进行发展,而这种有计划的发展,必须要以国家强动员能力来引导资源的流动。同时,资金方面的短缺,要求国家必须集中力量发展某些产业,集中有限资金办大事,这显然也离不开国家强动员能力。因此,国家强动员能力假设,除了强调国家保证政策及政治稳定之外,还需要强调国家在经济方面的动员能力。一是对自然资源的动员,以保证资源的有效配置;二是对资金流动的动员,以保证资本的快速集中;三是对人力资本的动员,以保证

---

① 我国重工业优先发展的发展战略需要庞大的资本投入,而新中国成立初期,我国的工业基础比较薄弱,工业产值不到国民经济总产值的 10%,没有能力为工业化发展提供资金积累和国民储蓄,我国又不可能像资本主义国家一样依靠殖民来完成资本的原始积累,只能调动经济体内部的力量来完成工业化的目标。因此,尽管当时农业十分落后,但是由于人多地广,相比之下是国民经济发展的最主要部门,也是当时唯一能够为国民经济发展提供资本积累的部门。因此,农业就成为能够为工业化建设提供国内储蓄和投资的唯一来源。通过工农业价格"剪刀差"的形式使农业部门的资金流入工业部门。据测算,1952~1990 年,我国农业共为工业化建设提供的净资金贡献为 9530 亿元,占全部资金的 73.4%。

劳动力的充足供应。

3.2.1　对自然资源的控制

土地公有制保证了国家对土地供给的控制，其他资源特别是矿产资源的国有化保证了国家对资源的有效配置。国家为经济增长提供了充裕的土地和其他资源。以土地保证基础设施建设，以低廉的资源价格吸引外资和技术进入。

以土地为例，我国公有制基础下的土地供给方式，也正是国家强动员能力在土地供给上的体现。一般而言，我国的土地供给方式主要有划拨、出让、租赁、作价出资、授权经营、转让和出租七种形式，前五种是国家对于土地的绝对控制，而后两种供给方式虽然是由土地使用者主导，但显然仍在国家的间接控制之中。

在其他自然资源中，以石油为例，国家通过整合，成立了 4 家石油企业，即中石油、中海油、中石化和中化集团。这四大石油巨头基本上将国内石油开采与海外石油项目合作、石油进口、石油销售甚至石油战略储备等方面完全垄断。

3.2.2　对金融资源的控制

金融是现代经济的血脉和核心，我国对于金融业有着十分严格的控制和监管。虽然这种严格的控制和监管曾被广为诟病，但却在 2008 年全球金融危机中让中国金融业独善其身。国家强动员能力对金融资源的管理至少体现在三个方面。

1. 国有商业银行的高度寡占

我国实行的国有商业银行制度，保证了国家通过指导性信贷计划对金融资源供给进行控制的可能。在此，使用产业集中度的测算方法，考察我国四大国有商业银行（中国工商银行、中国建设银行、中国农业银行和中国银行）

的产业集中度。

本节引入计算产业集中度的公式 $CR_n = \sum_{i=1}^{n} X_i / \sum_{i=1}^{N} X_i$，根据《中国金融统计年鉴》中的相关数据，计算了我国 2001～2009 年四大国有商业银行的资产集中度和存贷款集中度（CR4 指数），如表 3-5 所示。

表 3-5　　　　　　　　　　　商业银行的 CR4 指数　　　　　　　　　单位:%

年份	2001	2002	2003	2004	2005	2006	2007	2008	2009
资产	70.9	70.7	69.5	67.3	67.6	66.9	64.4	63.1	63.6
存款	83.4	80.8	80.5	78.6	77.6	77.1	75.9	75.1	71.1
贷款	84.0	81.2	80.1	78.1	75.3	73.8	72.6	69.8	69.6

根据贝恩竞争结构分类法，寡占Ⅰ型的 CR_4 值在 75% 以上，而寡占Ⅱ型的 CR_4 在 65%～75% 之间。由此，依据我国四大国有商业银行存款的 CR_4 值，可以判断在 2009 年之前属于寡占Ⅰ型，2009 年为寡占Ⅱ型；贷款在 2001～2005 年为寡占Ⅰ型，2006～2009 年为寡占Ⅱ型；资产则属于寡占Ⅱ型。据此，我国四大国有商业银行在整个银行市场上应处于高度寡占的地位。

2. 对基准利率调整的控制

商业银行吸收人民币存款和发放贷款业务的基准指导性利率由中国人民银行确定。龚刚和林毅夫（2007）通过对比中国与经济合作与发展组织（OECD）主要国家（美国、德国、法国）的金融资源，发现中国在 1980～2001 年实际利率仅为 2.1418%，远远低于美国（3.4757%）、德国（4.1092%）及法国（4.5654%），中国的实际利率比主要 OECD 国家廉价近 1 倍。

同时，我国的高存贷利差（1990～2011 年的 1 年期存贷款平均利差为 3.68%），一方面保证了国有商业银行的高利润[1]，另一方面也降低了国家对于金融资源控制的成本，有利于资本的快速集中。表 3-6 列示了 1990～2011 年的 1 年期存贷利率。

---

[1]　截至 2011 年第四季度，商业银行去年的净利润达到 10412 亿元，比 2010 年同期的 7637 亿元增长 36.3%；但非利息收入仅占比 19.3%，据此，可以判断出我国商业银行的利润主要来源于高利差。

表3-6　　　　　　1990～2011年1年期存、贷利息率变动表　　　　单位:%

调整时间	存款	贷款	利差	调整时间	存款	贷款	利差
1990.08.21	7.20	9.36	2.16	2007.03.18	1.98	6.39	4.41
1991.04.21	6.12	8.64	2.52	2007.05.19	2.07	6.57	4.50
1993.05.15	7.20	9.36	2.16	2007.07.21	2.34	6.84	4.50
1993.07.11	9.00	10.98	1.98	2007.08.22	2.61	7.02	4.41
1996.05.01	7.20	10.98	3.78	2007.09.15	2.88	7.29	4.41
1996.08.23	5.40	10.08	4.68	2007.12.21	3.33	7.47	4.14
1997.10.23	4.14	8.64	4.50	2008.09.16	3.33	7.20	3.87
1998.03.25	4.14	7.92	3.78	2008.10.09	3.15	6.93	3.78
1998.07.01	3.96	6.93	2.97	2008.10.30	2.88	6.66	3.78
1998.12.07	3.33	6.39	3.06	2008.11.27	1.98	5.58	3.60
1999.06.10	1.98	5.85	3.87	2008.12.23	1.71	5.31	3.60
2002.02.21	1.71	5.31	3.60	2010.10.20	1.91	5.56	3.65
2004.10.29	1.71	5.58	3.87	2010.12.26	2.25	5.81	3.56
2005.03.17	1.71	5.58	3.87	2011.2.9	2.60	6.06	3.46
2006.04.28	1.71	5.85	4.14	2011.4.6	2.85	6.31	3.46
2006.08.19	1.80	6.12	4.32	2011.7.7	3.10	6.56	3.46

资料来源:中国人民银行网站, http://www.pbc.gov.cn。

3. 对广义货币供给量M2（货币和准货币）的控制①

如表3-7所示, 1991～2010年我国M2增长率显著高于名义GDP增长率与人口自然增长率之和。这与货币学派的简单货币规则或是胡代光（1999）定义的"规则性的货币政策"不相符。全国人大财经委副主任委员吴晓灵女士作为实务界人士, 给出了中国人民银行货币供应量在实际操作中的计算公式, M2的增加幅度应是在GDP增长率加CPI预计调节率的基础上, 放大2～3个百分点。而实际上, 我国一直是超出这个幅度的。虽然M2的高增长带来

---

① 弗里德曼为代表的货币学派, 以现代货币数量论为依据, 提出了简单货币规则, 即确定一个固定的货币供给增长率, 并使它与国内生产总值的长期增长联系起来, 即M2的增速=GDP增速+劳动力（人口）增速。胡代光（1999）认为"规则性的货币政策"是以国内生产总值（GDP）计算的平均每年真实经济增长率为准则而定为货币供应总量固定不变的年增长率。

了通胀的压力①，但这也在国家应对金融危机、冲销外汇占款、调控经济等方面起到了积极的作用。

表 3 - 7 　　　　1991～2010 年 M2 增长率、GDP 增长率、人口
增长率、CPI 增长率　　　　　单位:%

年份	M2 增长率	GDP 增长率	人口自然 增长率	CPI 实际 增长率	GDP 增速 + 人口增速	GDP 增速 + CPI 增速
1991	26.5	9.2	1.3	3.4	10.5	12.6
1992	31.3	14.2	1.16	6.4	15.36	20.6
1993	37.3	14	1.15	14.7	15.15	28.7
1994	34.5	13.1	1.12	24.1	14.22	37.2
1995	29.5	10.9	1.06	17.1	11.96	28
1996	25.3	10	1.04	8.3	11.04	18.3
1997	17.3	9.3	1.01	2.8	10.31	12.1
1998	14.8	7.8	0.91	-0.8	8.71	7
1999	14.7	7.6	0.82	-1.4	8.42	6.2
2000	12.3	8.4	0.76	0.4	9.16	8.8
2001	14.4	8.3	0.7	0.7	9	9
2002	16.8	9.1	0.65	-0.8	9.75	8.3
2003	19.6	10	0.6	1.2	10.6	11.2
2004	14.7	10.1	0.59	3.9	10.69	14
2005	17.6	10.2	0.59	1.8	10.79	12
2006	17	11.6	0.53	1.5	12.13	13.1
2007	16.7	11.9	0.52	4.8	12.42	16.7
2008	17.8	9.6	0.51	5.9	10.11	15.5
2009	27.7	9.2	0.49	-0.7	9.69	8.5
2010	19.7	10.4	0.48	3.3	10.88	13.7

资料来源：中经网统计数据库，经整理后而得。

---

① 1993～1996 年中国消费价格总水平分别上涨14.7%、24.1%、17.1%和8.3%，同期的 M2 增长了37.3%、34.5%、29.5%和25.3%，可见，M2 的快速增长是造成通货膨胀的一个重要因素（中国主要统计指标诠释 [M]. 北京：中国统计出版社，2010：254 - 255）。

3.2.3　对人力资本供给的控制

我国是一个人口大国，这是培育我国人力资本的基础。国家对人力资本供给的控制力主要体现在国家实行的义务教育制度及医疗制度上，这两项制度保证了人力资本的基本素质。

新中国成立后，国家在宪法中确立了公民受教育的权利和义务。进入 20 世纪 80 年代后，开始推行的义务教育制度，进一步强化了公民的基本文化素质。教育制度保证了全民基本文化水平的不断提高。表 3 - 8 列示了 1985 ~ 2006 年我国关于义务教育的相关发文及主要内容。

表 3 - 8　　　　　　　　我国义务教育的相关文件及主要内容

时　间	相关文件及主要内容
1985 年 5 月 27 日	《中共中央关于教育体制改革的决定》提出进行义务教育
1986 年 4 月 12 日	第六届全国人民代表大会第四次会议通过的《中华人民共和国义务教育法》规定，国家实行九年制义务教育，并于 1986 年 7 月 1 日实施
2005 年 12 月	《关于深化农村义务教育经费保障机制改革的通知》，逐步将农村义务教育全面纳入公共财政保障范围
2006 年 9 月 1 日	实施新的《义务教育法》，明确指出："国家将义务教育全面纳入财政保障范围，义务教育经费由国务院和地方各级人民政府依照本法规定予以保障"

改革开放之前，我国城镇居民（主要由企、事业单位职工和国家机关的工作人员组成）基本上均享受公费医疗制度；而在农村则建立了合作医疗制度。到 1976 年，全国绝大多数农民都参加了合作医疗，在很大程度上解决了农村居民的医疗问题。改革开放后，计划经济向市场经济的转变要求医疗制度的变革。国家先对城镇居民的医疗保障制度进行改革，构建城镇居民医疗保险制度。与此同时，农村合作医疗却逐步萎缩，农民的医疗问题日益凸显，到 2002 年，农村合作医疗制度的覆盖率仅为 9.5%。国家针对这一问题，于 2003 年起在全国部分县（市）试点新型农村合作医疗制度，到 2010 年逐步实现了基本覆盖全国农村居民的新型农村合作医疗制度。医疗制度的完善，为劳动者的健康状况提供了保证。

此外，新中国成立后很长一段时间内，公有制和集体制企业（主要也只有这两种性质的企业）由职工当家作主，实行民主管理，并形成了以职工代表大会为基本形式的企业民主管理制度，这在一定程度上激发了工人阶级的学习和创新热情。中国的工人阶级有两个显著不同于其他发展中国家的特征：一是规模庞大（主要是由于人口基数大）；二是具备较高的素质（得益于改革开放前较为完善的初级教育和医疗制度）。这也是在改革开放后我国能迅速承接西方产业转移的一个基本要件①。而 20 世纪 80 年代末出现的下岗职工问题，并不是由工人的素质问题导致，而是由企业管理水平及"国退民进"式的国企改革所造成的。在一定程度上，这也成为我国拥有世界上最大规模、具有较高素质和较低价格过剩劳动力的历史基础。

国家强动员能力是我国与发达国家及其他发展中国家的一个显著区别，保证并实现了我国对外来技术的快速引进。而正是由于生产力不平衡结构和国家强动员能力，我国在技术进步上有着明显的"强制演进"特征。

3.3　引进式技术进步机制

3.3.1　我国经济增长中的技术因素

科学技术对经济增长的重要性已成为一个共识。马克思指出"劳动生产力是随着科学和技术的不断进步而不断发展的"；邓小平同志则更是将"科学技术是生产力"拓展为"科学技术是第一生产力"。而在西方经济学的增长理论框架下，索洛在 20 世纪 50 年代就将经济持续增长归因于技术进步，在其

---

① 根据适宜技术进步的观点，技术的适宜性取决于发展中国家对发达国家先进技术的吸收利用能力，而发展中国家的这种吸收能力取决于发展中国家的人均人力资本水平。而我国毫无疑问是人力资本水平较高的发展中国家。

经典模型中，技术进步被认为是一个无法预知和控制的外生变量①。而卢卡斯（1988）、罗默（Romer，1986，1990）、阿罗（Arrow，1962）、宇泽弘文（Hirofumi Uzawa，1965）等新增长理论的代表者则将技术进步内生化，并将其看作经济可持续增长的源泉。

克鲁格曼（Krugman，1994）在其《亚洲奇迹的神话》一文中曾将中国的问题形容成"中国综合征"，在对中国经济增长率表示惊讶的同时也质疑其未来的前景。虽然没有专门讨论中国的增长原因，却将整个东亚增长归纳为高投入的驱动。而随后发生的1997年亚洲金融危机似乎佐证了克鲁格曼对于亚洲经济增长源头的质疑，在其《萧条经济学的回归》一书中，描述了1997年金融危机前的亚洲，对中国的经济增长特别是物质生活水平的快速提高表示了认可，并回应了关于亚洲增长的真实性问题，他认为亚洲的进步是可以用肉眼看得到的，无须只着眼于官方的数据。但其对亚洲的增长还是提出了类似于《亚洲奇迹的神话》中所提出的质疑，即究竟是"灵感"还是"流汗"？他坚持亚洲的增长是投入的结果，但不是效率的增加，由于劳动生产率没有提高，亚洲的增长不具有可持续性。

那么，我国持续30多年来的高速增长，除了投入之外，劳动生产率没有提高吗？显然，这一答案是否定的。改革开放以来，我国引进技术进步的战略，使我国的技术水平和管理水平有了很大的提高，经济也获得了前所未有的腾飞，成功地缩小了与发达国家的差距，实现了"后发优势"。但由于我国采取的是引进技术进步方式而非"自然演进"的原发技术进步方式②（自主创新），会受到一些国际政治、经济等因素的影响，因而技术的引进会存在不确定性，不可能保持一个持续增加的态势。这种不确定性引发的结果可能是国内劳动生产率的波动，也成为我国引进技术所必须面对的问题，即技术的消化、吸收和再创新。

---

① 新古典增长理论将技术进步看作经济增长的决定因素，但却又认为技术进步是外生变量，在没有外力推动时，经济无法实现持续增长。

② 即技术进步是依靠自主创新方式实现，在这种情况下，生产力发展是"自然进化"的。

3.3.2 我国的引进式技术进步

1. 技术进步的方式选择

作为一个发展中国家，我国在改革开放前虽然有着较为完备的工业体系，但技术水平却处于一个较低的层次，严重阻碍了经济的增长和人民生活水平的提高。如何迅速提高技术水平，是横亘在我国经济发展道路的一道难关。通常而言，技术进步的方式主要有三种：一是通过自主研发不断增加技术存量；二是通过引进技术直接提高技术水平；三是利用技术外溢间接提高技术水平。其中，引进技术和技术外溢①实际上都可以看作引进式技术进步，这种技术进步并非依靠自主创新所取得，不是原发技术进步，而是依靠引进国外或者模仿国外先进技术而获取的技术进步。在经济发展初期，发展中国家可以从发达国家获得比本国先进得多的成熟技术，快速满足国内对先进技术的需求，并逐渐缩小与发达国家的技术差距。因此，引进技术是提高生产力水平的一种重要方式，可以提高劳动力素质，可以提高劳动工具的效率，可以提高劳动对象的能效，减少劳动对象的消耗。

2. 引进式技术进步的优势

由于技术创新不可能保持一个稳定的速度，有时候技术会出现爆发式创新，有时候又会遇到研究瓶颈，因此，技术创新问题可能会导致发达国家的经济出现波动。而发展中国家引进技术进步的方式则一般不会出现这样的问题，因为它们引进的技术是相对成熟的、可持续的和可预期的，所以经济可以维持一个较为稳定的增长速度。

同时，对于发展中国家而言，自主创新的时间一般较长且创新结果未知，而引进技术则只需支付购买技术的费用，即可获取成熟可靠的技术，避免了

---

① 史密斯（Smith, 1980）认为，技术外溢是指技术扩散的外部性，是技术扩散的一种方式。技术扩散是指技术从一个地方运动到另一个地方或从一个使用者手中传到另一个使用者手中。自愿的、主动的技术扩散称为技术转让；而非主观意愿的技术扩散称为技术外溢。

技术研发失败的风险和时间成本，这也是发展中国家的后发优势所在。因此，可以通过引进技术方式，快速实现技术变迁而获得经济的高速增长。但显然，这种引进式技术进步，实质上是由外力推动的进步，而非依靠生产力"自然进化"的内生增长。就近些年来看，这种方式是发展中国家技术进步的最主要选择，其中以我国最为显著。

3. 引进技术的具体方式

在引进的具体方式上，易纲、樊纲和李岩（2003）认为主要是靠引进技术及从发达国家购买设备来完成的；而林毅夫（2007）也认为一个发展中国家的技术进步必须要靠从发达国家引进技术设备。同时，由于我国人口众多，劳动力是相对充裕的生产要素，而资本却是稀缺的生产要素，现实情况决定了我国引进技术的基本选择应是节约资本的技术，或者说是资本增进型技术①。

3.3.3 我国引进式技术进步存在的问题

改革开放以来，这种引进技术进步方式刺激了我国经济的高速增长，特别是在改革开放初期，我国作为一个生产力落后的国家，采取引进技术进步的方式无疑是要优于自主创新的。但这种引进技术进步方式也存在显著的缺陷，越来越不适应我国经济发展的需要。

1. 技术进步受制于发达国家

长期的技术引进容易产生对国外先进技术的依赖性，同时，由于缺乏对基础研究的探究，导致我国自主创新能力下降。发达国家出售给我国的技术，多是其国内相对落后的技术，或者是出于自身利益，不适合在本国进行应用

---

① 根据西方经济学理论，技术进步有三种分类：一是划分为外生技术进步和内生技术进步，这两种技术进步方式实际上是新古典增长理论与新增长理论之争；二是将技术进步划分为希克斯（Hicks, 1932）中性技术进步、哈罗德（Roy Harrod, 1937、1949）中性技术进步（劳动增进型技术进步）、索洛（Solow, 1969）中性技术进步（资本增进型技术进步）；三是根据费莉佩（Felipe, 1999）的划分，将技术进步划分为体现式和非体现式技术进步。

的技术。我国在引进这些技术时通常会采取两种方式：一是以国家或国有企业为主体，从国外购买技术或技术设备；二是通过外商直接投资（FDI）引进国外技术（朱平芳等，2006）。若采取第一种技术引进方式，国家需要为引进技术准备高额外汇储备，而外汇储备的过度增长不仅会引发人民币供给增加，形成强的通货膨胀预期，而且存在极大的缩水风险；第二种技术引进方式是通过 FDI 组建三资企业来实现技术进步。无论何种方法，我国所支付的代价往往相对于技术本身而言是过高的。这两种技术引进方式最终使中国逐渐成为"世界工厂"，资源浪费和环境破坏日益严重，外需的旺盛和收入分配失衡导致了内需不振，使最终消费在 GDP 中的贡献率过低。

2. "潮涌现象"引发的投资过度

林毅夫（2007）提出了"潮涌现象"的概念，即在投资前，每个企业都确信这个投资项目是个获利极高的好项目，金融市场也会出现行为金融学所研究的"羊群行为"，大量的资金投向这些项目，结果导致整个社会的过度投资，出现"非理性繁荣"。这种"潮涌现象"在发达国家只是偶尔会发生，但在我国，由于采取引进技术进步的方式，所选择的技术成熟，风险小，投资前景明确，收益可见，所以一有新的引进项目，各企业纷纷上马，极易发生"潮涌现象"，引起全社会的过度投资。而由过度投资引发产品的过度供应使价格竞争日趋激烈，不仅企业的利润越来越薄，资源环境也遭到了严重的破坏。

3. 行业间和地区间差异拉大

由于生产力不平衡结构，在资本稀缺的前提下，技术引进一般都是在高端行业（发达地区）进行。以地区间的引进技术为例，从表 3－9 中可以看出，我国技术引进集中在东部地区，而中西部地区引进技术的总和尚不及东部地区的零头。结果是高端行业（发达地区）生产力增速远快于低端部门（欠发达地区），经济总量也会比在"自然进化"情况下所带来增长要高。但这种增长却只是结构性的经济增长，而结构性增长会进一步拉大产业部门和地区间的差异，最终高端行业（发达地区）的加速增长会受到低端行业（欠发达地区）缓慢增长的限制。这种限制主要由三个原因所造成：其一，低端部门的缓慢增长导致低端部门劳动者收入的缓慢增长，限制了其消费需求，低端产品的消费可以认为是比较稳定的，对经济增长影响较大的则是对高端产品的消费，产品消费不振会影响高端行业的发展增速；其二，欠发达地区由于生产力落后，其居民收入增长缓慢，消费需求受限，同样由于欠发达地区生产的多为低端产品，受冲击较大的同样会是发达地区生产的高端产品；其三，收入分配的严重失衡，不利于社会的稳定，只有各种社会矛盾得以缓解，才能有经济的稳定增长。

表 3 – 9   2007 ~ 2009 年地区间的引进技术合同数目和金额

年份	区域	合同数（项）	合同金额（万美元）	技术费（万美元）	设备费（万美元）
2007	全国	9773	2541535	1940610	600924
	东部地区	8042	1787218	1473066	314153
	中部地区	832	152258	107506	44753
	西部地区	820	111436	89928	21508
2008	全国	10170	2713347	2354718	358630
	东部地区	8421	2167854	1940593	227261
	中部地区	821	271940	223990	47950
	西部地区	846	131944	113233	18711
2009	全国	9964	2157179	1860788	296391
	东部地区	8256	1670528	1452285	218243
	中部地区	802	154004	129059	24945
	西部地区	820	218115	204611	13504

资料来源：2008 ~ 2010 年《中国科技统计年鉴》。

3.3.4　我国引进技术的量化指标——对外技术依存度

引进技术的主要方式是通过对外贸易来实现。用技术引进经费①来表示引

---

①　技术引进经费指用于购买国外技术（包括购买设计、流程配方、图纸、工艺专利等技术资料）的费用，以及引进国外的关键设备、仪器、样机所支付的经费总额。其中，用于引进设计、图纸、专利等技术资料所支付的经费包括购买国外设计、流程配方、工艺、图纸、专利等技术资料所支付的经费。

进技术的总量，根据《国家中长期科学和技术发展规划战略研究（2006～2020年)》，引入"对外技术依存度"这一指标来衡量我国的技术引进情况，即：

$$技术依存度 = \frac{技术引进经费}{R\&D 经费 + 技术引进经费}$$

对外技术依存度作为衡量我国对国外技术依赖程度的指标，也是判断我国自主创新水平的一个重要手段。对外技术依存度较高，表明国家的技术创新对技术引进的依赖程度较强；而依存度较低则表明该国技术创新中的自主创新成分较大。一些学者们对究竟应该采取流量指标还是存量指标来计算对外技术依存度进行了一定的讨论，并认为采用存量指标可能更能够反映技术进步中的自主创新成分[①]。表3－10列示了1985～2009年我国关于技术引进的相关数据。

表 3－10　　　　　　1985～2009 年技术引进的相关数据

年份	R&D 经费（亿元）	R&D 经费累计存量（亿元）	技术引进总额（亿元）	技术引进累计存量（亿元）	依存度（流量）	依存度（存量）
1985	90.1	90.1	93.93	93.93	0.51	0.51
1986	97.1	187.2	154.79	248.72	0.61	0.57
1987	108.3	295.5	111.1	359.82	0.51	0.55
1988	113	408.5	132.07	491.89	0.54	0.55
1989	123.3	531.8	110.06	601.95	0.47	0.53
1990	166.1	697.9	60.94	662.89	0.27	0.49
1991	159.5	857.4	184.15	847.04	0.54	0.5
1992	198	1055.4	363.41	1210.45	0.65	0.53
1993	248	1303.4	352.03	1562.48	0.59	0.55
1994	306.3	1609.7	353.86	1916.34	0.54	0.54
1995	348.69	1958.39	1088.36	3004.7	0.76	0.61
1996	404.48	2362.87	1268.5	4273.2	0.76	0.64
1997	509.16	2872.03	1319.99	5593.19	0.72	0.66
1998	551.12	3423.15	1355.71	6948.9	0.71	0.67
1999	678.91	4102.06	1420.74	8369.64	0.68	0.67
2000	895.66	4997.72	1504.68	9874.32	0.63	0.66

---

① 孙顺成等（2007）认为，对于企业生产活动来讲，有重要作用的是积累起来的知识存量，这种存量构成了以后技术开发的基础。

续表

年份	R&D 经费 (亿元)	R&D 经费累计 存量（亿元）	技术引进总额 （亿元）	技术引进累计 存量（亿元）	依存度 （流量）	依存度 （存量）
2001	1042.49	6040.21	752.45	10626.77	0.42	0.64
2002	1287.64	7327.85	1439.3	12066.07	0.53	0.62
2003	1539.63	8867.48	1113.36	13179.43	0.42	0.6
2004	1966.33	10833.81	1146.8	14326.23	0.37	0.57
2005	2449.97	13283.78	1559.95	15886.18	0.39	0.54
2006	3003.1	16286.88	1755.65	17641.83	0.37	0.52
2007	3710.24	19997.12	1932.58	19574.41	0.34	0.49
2008	4616.02	24613.14	1884.45	21458.86	0.29	0.47
2009	5802.11	30415.25	1473.57	22932.43	0.20	0.43

资料来源：根据1991～2010年《中国科技统计年鉴》中的相关数据计算整理而得。年鉴中的技术引进经费是以美元为计价单位，本书根据当年的汇率，将其转化为以人民币计价；其中，1990年之前的R&D经费支出额的数据缺失，本表中的数据来源于孙顺成等（2007）在《对外技术依存度的测算与分析》一文中估算的数据。

就技术引进的流量来看，如图3-3所示，我国的对外技术依存度呈现出总体上先升后降的趋势，1985年的对外技术依存度为0.51，而1995年、1996年达到最高值0.76，此后一直下降至2009年的0.20，这反映出我国在进入20世纪90年代中期之后，一方面是加大了自主创新的力度，另一方面是技术引进出现了"瓶颈"。从技术引进总额上来看，进入21世纪后的变动不大，2009年的技术引进总额反而低于2000年，实际上也反映了我国技术引进的难度越来越大。

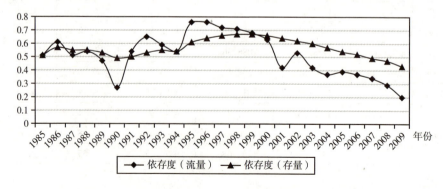

图3-3 1985～2009年中国对外技术依存度（流量和存量）

从技术引进的存量指标来看,我国的对外技术依存度在 1998 年、1999 年达到峰值 0.66 后下降趋势明显,总体走势呈现倒 U 型。

3.4　本 章 小 结

本章主要对我国宏观经济理论的基本假设体系进行了初探,在已有研究的基础上,提炼出能够反映我国经济长期增长过程中的三个特征假设条件。而这三个假设条件并非孤立存在,它们之间相互影响和制约,如生产力不平衡结构决定了技术进步方式的选择,引进技术进步方式又会加剧生产力不平衡结构等,在本章的论述中,也体现了这种互相影响和制约的特点。据此,可以将我国宏观经济的基本特征初步概括为,以生产力不平衡结构下的引进式技术进步为核心、以国家强动员能力为保障的"结构性"经济增长模式。

由于国外的成熟民用技术被作为一种商品来进行买卖,只有掌握了足够的资本才可以进行引进(在有些情况下还需要国家政策的允许),只有掌握了足够的资源才可以进行生产。因此,我国这种以引进技术进步为核心的经济增长模式,实质上蕴含了国际和国内两方面的"不平等"因素。一方面,在我国,由于国家掌握了最为充足的资本和资源,因此,在国家强动员能力的作用下,我国的引进技术主要发生在发达地区和某些高端行业,这会引发地区间、行业间的不平等,其中包括地区间收入差距和行业间的工资差距不断扩大。另一方面,由于技术引进需要支付大量的费用给国外的技术供应者,因此,在利润分配中,绝大部分被技术供应者取得,会造成国内外利润分配的不平等。最为明显的是我国的汽车行业,在整个行业中多为合资企业,但中方的利润要远远低于外方合作者(技术供应方)。在发达国家,由于是原发式技术进步,需要靠研究人员、科研经费的投入甚至还需要一些运气,才能够实现技术进步。因此,即便拥有充足资本和资源却未必能得到新技术,在一定程度上消除了这两类"不平等"因素。

因此,相比发达国家而言,我国的经济增长可能是"结构性"的,即在引进技术进步的前提下,主要依靠高端行业和发达地区的加速增长来带动经济总量的增长。

　　我国宏观经济假设体系下的"结构性"经济增长模式，显然会对我国的收入分配制度、收入分配方式以及收入分配差距等方面产生深远的影响。因此，本章的研究构成了后续研究的理论假设基础。

第 4 章
宏观经济理论假设体系下的城镇居民
预防性储蓄动机问题研究

目前关于收入分配问题的研究，主要是基于一个"逆推导"的过程，即 2008 年金融危机导致外需不足，让社会各界将目光更多地投向内需；而内需中投资和消费的失衡，又让我们关注居民消费需求不振；在对居民消费需求不振的成因探究中，发现居民收入占比的下滑及居民收入差距的拉大是居民消费不振的主要原因。同样，本书关于收入差距问题研究的逻辑起点也来源于居民消费需求不振。但我国作为一个传统的储蓄大国，居民储蓄率一直保持了较高的水平，在过去较长的一段时期，特别是从 20 世纪 90 年代中后期开始，很多学者将居民消费需求不足归因于过高的预防性储蓄动机。那么，目前我国居民消费不振的主要原因究竟是收入分配问题还是储蓄动机问题？在研究城镇居民收入差距的演变及成因之前，有必要先讨论城镇居民的预防性储蓄动机问题，并形成一个基本判断，以从经济学角度解释目前社会各界愈发关注的居民收入分配问题的原因。因此，本章的主要目的是作一个排除性的说明，即当前城镇居民的预防性储蓄动机问题远没有收入分配问题严峻，研究重点应放在对收入分配问题的讨论上。

基于宏观经济理论假设体系，我国以生产力不平衡结构下引进式技术进步为核心、以国家强动员能力为保障的经济增长具有"结构性"特征，因此，在本章中，将重点考察宏观经济的"结构性高增长"特征与城镇居民预防性储蓄动机问题。

4.1 我国宏观经济的 "结构性高增长" 特征

改革开放后，国家强动员能力下的引进技术进步方式，实现了我国经济的高增长。然而，这种高增长必然是一种不平衡的增长，并且加剧了我国生产力结构的不平衡。我国长期以来压低劳动、资源等要素的价格以换取外汇收入，从而引进昂贵的技术和设备；以低劳动力成本、低资源（包括土地）价格来吸引外商投资，间接引进技术和设备。但总体来看，引进的技术和设备又相对稀缺，不能够顾及全局，只能采取支持东部地区（高端行业）率先发展的不平衡经济增长战略。本书将我国的这种经济高速增长方式定义为"结构性高增长"，即主要依靠发达地区和高端行业的增长来增加 GDP 总量，而欠发达地区和低端行业则始终处于经济链条的最底层，沦为高端行业和发达地区的劳动力输出地或是资源供应地。现用简单的数学推导来说明我国宏观经济的"结构性高增长"特征。

将全国划分为两个区域：一是发达地区，其经济总量用 Y_1；二是欠发达地区，其经济总量用 Y_2 表示。全国的经济总量用 Y 表示，则有 $Y = Y_1 + Y_2$。

假设存在引进式技术进步，国家通过强控制力优先发展发达地区，支持发达地区优先引进先进的技术和设备。由于技术上的领先，发达地区的经济增速要快于全国平均水平，而欠发达地区的经济增速要低于全国平均水平。用 ΔY_1、ΔY_2 和 ΔY 分别表示发达地区、欠发达地区及全国的经济增长量。则有：

$$\frac{\Delta Y}{Y} = \frac{\Delta Y_1}{Y} + \frac{\Delta Y_2}{Y} \tag{4.1}$$

$$\frac{\Delta Y_1}{Y_1} > \frac{\Delta Y}{Y} > \frac{\Delta Y_2}{Y_2} \tag{4.2}$$

由式（4.1）变形可得：

$$\frac{\Delta Y}{Y} = \frac{Y_1}{Y}\frac{\Delta Y_1}{Y_1} + \frac{Y_2}{Y}\frac{\Delta Y_2}{Y_2}$$

$$\Rightarrow \frac{\Delta Y}{Y} = \frac{Y_1}{Y}\frac{\Delta Y_1}{Y_1} + \left(1 - \frac{Y_1}{Y}\right)\frac{\Delta Y_2}{Y_2}$$

最终得到：

$$\frac{\Delta Y}{Y} = \frac{\Delta Y_2}{Y_2} + \left(\frac{\Delta Y_1}{Y_1} - \frac{\Delta Y_2}{Y_2}\right)\frac{Y_1}{Y} \tag{4.3}$$

结合式（4.2）和式（4.3）可以看出，发达地区与欠发达地区经济增速的差距越大，越有利于提高国家经济总量的增速。从我国 30 多年来经济高速增长的现实来看，也基本可以佐证这一结论。发达地区经济的快速增长是推动国家经济总量的主要动力；而在经济总量快速增加的同时，地区间的经济差距逐渐拉大。同理，如果用高端行业和低端行业来代替发达地区和欠发达地区，可以得到类似的结论，即国家经济总量的增加，实际上是依靠高端行业的快速增长，高端行业与低端行业的差距越大，越能加快经济总量的增速。

宏观经济的"结构性高增长"催生了传统国有企业改革及其他相关改革的实施，而改革中的阵痛引发了居民对未来收入和支出预期的不确定性，强化了他们的预防性储蓄动机。在本章中，主要讨论的是以国有企业改革为代表的一系列相关改革是否强化了城镇居民的预防性储蓄动机，以及这一动机强度的变化。

4.2 宏观经济理论假设体系下的国有企业改革及相关配套改革

改革开放后，在我国的现实经济中，随着外资和技术的大量引进，生产力不平衡结构进一步加剧。在国家强动员能力的推动下，发达地区和高端行业获得了极大的发展，而欠发达地区和低端行业则出现了"原地踏步"甚至是衰退的情形，地区间及行业间经济的"结构性"分化更为明显。为了使传统国有企业早日摆脱困境，国家要求建立现代企业制度，以减轻国有企业负担。为此，我国进行了"国退民进"式的国有企业改革。党的十五大和十五届一中全会提出，用三年左右的时间，使大多数国有大中型亏损企业摆脱困境。1997年成为国企改革的分水岭，1997年之前的改革进程较为缓慢，而1997年后则掀起了国企改革的高潮。随之而来的大量企业职工下岗和失业，使企业职工未来收入产生了极大的不确定性，这也造成了我国城镇居民收入差距的拉大，贫富差距问题开始凸显；同时，由于这一阶段企业职工的养老和医疗正处于企业保障向社会保障的转型期，各方面的条件还不成熟，城镇居民的医疗和养老问题成为一个必须面对的现实。

为了进一步减轻国有企业负担，国家在这一时期还推行了城镇住房制度改革。1994年7月出台的《国务院关于深化城镇住房制度改革的决定》表明了住房改革正式启动，而1998年7月出台的《国务院关于进一步深化城镇住房制度改革加快住房建设的通知》则把我国的城镇住房改革推向了高潮。房改初期，企业职工可以花费较小的代价购买单位公房，然而，随着对于居住条件改善的要求，以及其他购房原因，购买商品房已成为城镇居民最大的支出。年年攀升的房价，使居民对未来支出产生了极大的不确定性。

与此同时，随着引进式技术进步的不断推进，对于国内人力资本的要求也越来越高。20世纪90年代中后期，我国提出要扩大高中阶段教育和高等教育的规模，拓宽人才成长的道路，减缓升学压力。其中，高等教育改革的核心内容是扩招和实行收费制，在升学压力减轻的同时，居民的高等教育支出压力却在骤升。而伴随着高等教育的扩招，高中阶段教育规模开始扩大，收费也大幅提高。就义务教育来看，我国自1986年开始实行九年制义务教育，但学杂费等费用并没有减少，在一定程度上反而增加了，中小学教育在居民消费支出中也占据一定的比重。

4.3　我国城镇居民的预防性储蓄动机与消费需求不振

进入20世纪90年代后，我国实施的国企改革、住房改革、教育改革、医疗改革等一系列改革主要都是针对城镇居民。同时，由于我国就业制度和福利制度的相对滞后，增加了城镇居民未来收支的不确定性，而这种不确定性会强化城镇居民预防性储蓄动机。消费和储蓄是一枚硬币的两面，预防性储蓄动机越强，意味着居民的消费意愿越弱，两者是此消彼长的关系。预防性储蓄动机的增强，实际上减少了居民的可支配收入，因为居民需要考虑住房、医疗、养老、教育等各方面的保障，而存款成了这些保障的最佳选择，所以在居民的可支配收入中，会有很大的一部分以存款形式来满足自我保障的需求。在这一段时期，我国城镇居民的消费、收入及储蓄呈现出了三个特征。

第一，城镇居民平均消费倾向下滑。根据消费函数理论，在消费函数基本稳定的经济中，消费需求就由平均消费倾向（消费与收入之比）和收入决定（方福前，2009）。本章将消费率进行分解，可以得到，消费率＝平均消费倾向×收入占 GDP 比重。再将指标细分到我国的城乡居民两部分，分别考察我国城乡居民的平均消费倾向及收入占 GDP 比重，以此来初步判断影响城乡居民消费率的原因。如图 4－1 和图 4－2 所示，我国城乡居民收入占 GDP 的比重均是呈现出持续下降的趋势，农村居民平均消费倾向保持低水平

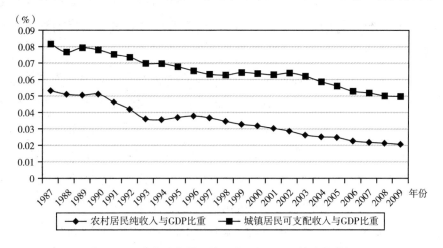

图 4－1　我国城乡居民收入占 GDP 比重的演化特征

注：城镇居民收入为可支配收入，农村居民收入为纯收入。

资料来源：中经网统计数据库。

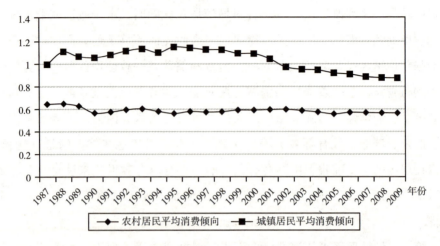

图 4 - 2 我国城乡居民消费收入比（平均消费倾向）的演化特征

资料来源：中经网统计数据库。

的相对稳定，城镇居民的平均消费倾向则在 1995 年之后有着明显的下滑。可以这样认为，农村居民消费率的下跌，更多的是由于收入原因，但城镇居民消费率下跌则是由于平均消费倾向和收入的共同作用。当然，城镇居民的平均消费倾向还是远高于农村居民，在很长的一段时期里，我国城镇居民的平均消费倾向均超过了 100%，而最低点的 2009 年平均消费倾向还是接近于 90%。但城镇居民消费倾向的持续下滑意味着城镇居民的储蓄意愿的增强。

第二，城镇居民收入差距持续拉大。在改革开放初期，改革先发生在农村（家庭联产承包责任制），而城镇在分配理念和分配体制上仍过度地倾向于"平均主义"和"大锅饭"，城镇居民内部收入差距很低并相对保持稳定，1978～1984 年，城镇居民基尼系数仅在 0.15 左右；1985～1990 年是城镇改革的初始阶段，居民收入差距虽然有所拉大，但仍然较低（1990 年基尼系数为 0.23）；伴随着各项改革的深入，城镇居民收入差距不断拉大，到 2009 年，城镇居民的基尼系数扩大为 0.34。同时，城镇居民收入的地区间差异明显，人均可支配收入最高的 8 个省区全部集中在东部地区（张东生，2010）。而人均可支配收入最低省区的则多集中于西部地区，根据最基本的边际消费倾向递减的假设，收入差距的拉大显然更有利于储蓄而非消费。

第三，城镇居民储蓄余额不断攀升。与低迷的居民消费相比，城镇居民储蓄则呈现不断攀升的态势。1995～2009年，城镇居民储蓄存款余额由23464.79亿元上升至209522.93亿元，增加了7.93倍，而同时期的GDP仅增加了4.74倍。其中，东部地区由13457.94亿元增长至126681.72亿元，中部地区由5799.18亿元增至46189.45亿元，西部则由4207.67亿元增至36651.76亿元。东中西部地区的总储蓄额在这14年间分别增长了8.41倍、6.96倍和7.71倍[①]。

通过对这些数据的观察，只能初步判断城镇居民可能仍存在预防性储蓄动机，但动机的强度是多少，又是如何演变的，是否是影响城镇居民消费需求的决定性因素等诸多问题，并不能得到很好的解答。因此，有必要对我国城镇居民的预防性储蓄动机强度进行科学的测度。

4.4 关于预防性储蓄动机研究的相关文献回顾

生命周期—持久收入理论在确定性条件下，从跨期效用最大化原则出发揭示了消费者在生命周期中平滑其消费的动机。并且在很长一段时间里，确定性的消费理论一直都是研究居民消费—储蓄问题的主要理论构架，然而大量经验研究均发现，平滑消费的动机并不能完整地解释居民储蓄的增长现象，不确定性同样可以对消费者行为产生实质性影响。

有鉴于此，学者们在消费储蓄行为分析的框架下引入了不确定性，产生了预防性储蓄假说，有益地补充了以往确定性条件下生命周期—持久收入理论（Leland，1968；Sandmo，1970；Miller，1976；Sibley，1975；Kimball，1990）。简言之，该假说认为消费者储蓄不仅仅在于平滑整个生命周期，还在于防范未来不确定事件的发生。

过去的几十年里，国外学术界就是否存在预防性储蓄动机也进行了丰富的经验检验，但是始终没有得出统一的结论。斯金纳（Skinner，1988）使用

---

① 资料来源：根据历年《中国金融年鉴》及中经网统计数据库数据计算而得。

户主职业来表示不确定性，由于收入总量的不确定性和风险厌恶，得出预防性储蓄会占生命周期总储蓄半数以上的结论；卡罗尔和萨姆威克（Carroll and Samwick，1995）使用实测的收入进程的收入方差来表示风险，运用 PSID 面板数据，估算出预防性储蓄大约可以解释财富积累 30% ~ 46%，凯泽拉辛（Kazarosian，1997）运用 NLS 面板数据得出相似结论；威尔逊（Wilson，2003）在假定家庭预防性储蓄动机存在异质性的前提下，利用美国 PSID 数据，也得出预防性储蓄行为是导致家庭财富积累的重要因素。与之相反的是吉索（Guiso et al.，1992）使用一个来自意大利的家庭样本的未来收入主观概率分布数据来测度不确定性，得出预防性储蓄只能解释财富积累总量的 2%；卢萨尔迪（Lusardi，1998）使用 HRS 数据中失业的主观概率数据来估计美国的预防性储蓄模型，测算出这一比值范围仅为 1% ~ 3.5%；戴南（Dynan，1993）使用美国 1985 年的 CEX 数据测算了美国居民的预防性储蓄动机，她发现美国的预防性储蓄动机很小。

这些国外研究结论之所以不一致，除了有数据选择差异的原因之外，一个更直接的原因可能是学者们对不确定性的代理变量选择的差异。与大多数文献采用收入的变异性作为不确定性的代理变量不同，戴南（1993）强调收入的不确定性只是引发预防性储蓄的一个间接因素，她认为，即便在没有预防性储蓄动机的前提下，消费者的平滑动机仍可以导致收入下降与储蓄呈正相关。于是，她通过构建具有微观基础的消费者最优行为（Euler 方程），并对边际效用进行二阶泰勒展开，直接以消费的变异性作为不确定性的代理变量。戴南的模型是我国学者引用较多的国外模型之一，本章的实证分析继续沿用了戴南的成果。

从掌握的国内研究来看，国内学者对预防性储蓄也进行了一系列研究，与国外不同，国内研究普遍认为我国存在较强的预防性储蓄动机。

国内一部分学者就我国强预防性储蓄动机的成因做出了有益的探索，如宋铮（1999）通过检验发现未来收入的不确定是中国居民进行储蓄的主要原因；田岗（2004）则认为，随着人口老龄化程度的加强，面对不确定性因素可能造成的风险与流动性（收入）约束，农村居民的消费行为越来越谨慎，储蓄存款的倾向越来越高；刘兆博、马树才（2007）通过对 CHNS 微观数据集回归分析发现，农民所承受的教育负担相对过重是造成农民存在显著的预防性储蓄行为的原因；杨汝岱、陈斌开（2009）认为，1999 年高等教育改革，既大幅度增加了家庭的直接教育支出，也改变了家庭关于未来教育支出的预期，两者都增强了家庭的预防性储蓄动机；杭斌、郭香俊（2009）利用 1997～2007 年的省级有关数据构建面板数据模型，发现消费的惯性越强，消费者就越谨慎，因而得出中国城镇居民的高储蓄现象与习惯形成有关的结论。需要指出的是，这部分文献从不同角度阐释了我国居民存在预防性储蓄动机，而没有对预防性储蓄动机强度作出衡量。

另一部分学者则主要是对我国的预防性储蓄动机进行了测度，这些文献大都借鉴了戴南的模型对预防性储蓄动机强弱的描述方法，进一步佐证了我国存在较高预防性储蓄动机的事实。其中，龙志和、周浩明（2000）首度引入戴南的模型，选择中国城镇居民 1991～1998 年间面板数据，采用工具变量法对我国城镇居民的预防性储蓄模型进行估测，结果显示，样本期内中国城镇居民存在显著的预防性储蓄动机，系数为 5.0834。而后李勇辉、温娇秀（2005）运用同样的模型和方法，同样得出了 1991～2003 年间我国城镇居民储蓄中存在着较强的预防性储蓄动机；易行健、王俊海、易君健（2008）则选择中国农村居民 1992～2006 年间的分省面板数据，采用工具变量法对我国农村居民预防性储蓄动机强度及其地区差异、时序变化展开了详细的实证研究，表明我国农村居民存在很强的预防性储蓄动机。稍有不同的是，施建淮、朱海婷（2004）运用我国 35 个大中城市 1999～2003 年的数据进行检验，发现 35 个大中城市的居民储蓄行为中的确存在预防性动机，但预防性动机并非如人们预期的那么强。

这些测度预防性储蓄动机的文献无疑给本章很大的启示，但却在一定程度上误读了戴南（1993）的意图。戴南求解出刻画消费者行为的 Euler 方程，其目的在于论证以消费的变异性作为不确定性的代理变量的微观基础，为了使模型适用于微观家庭样本的实证检验，她还将 Euler 方程改写为线性的计量回归式。而以上国内文献因限于数据的可得性，大都是采用省级或者市级汇总数据（也即是宏观数据）。另外，国内文献基于汇总数据所选择的工具变量大都为收入增长率（平方）或通货膨胀率（平方）当期值，理论上，这些均不能充当合适的工具变量。一个简单的理由是，在宏观经济理论框架下消费和收入是相互决定的，进而导致这类工具变量均存在极强的内生性。

综上而论，本章可能在以下两个方面深化对该问题的研究。第一，借助Euler方程的"天然"的正交条件，直接采用 GMM 方法来估计相对谨慎系数；第二，对预防性储蓄动机的变动趋势及成因进行分析，为进一步讨论城镇居民收入差距的演变与成因做铺垫。

4.5　本章的理论模型与实证分析

4.5.1　理论模型与 GMM 估计

理论模型继续借鉴戴南的成果，在 Ramsay-Cass-Koopnans 模型内生率内生决定框架下，从家庭预算约束出发，求解代表性的消费者最优消费行为，以保证预期消费者一生效用最大化。

具体来看，t 时刻代表性消费者 i 的跨期选择行为可表达为：

$$\max_{C_{i,t+j}} E_t \left[\sum_{j=0}^{T-t} (1+\delta)^{-j} U(C_{i,t+j}) \right] \tag{4.4}$$

$$s.t.\ A_{i,t+j+1} = (1+r_i)A_{i,t+j} + Y_{i,t+j} - C_{i,t+j} \tag{4.5}$$

式（4.4）为目标函数，$C_{i,t}$ 表示代表性消费者在 t 时刻的消费，E_t 表示预期式子，δ 表示时间贴现率，U 表示效用函数，并且满足 $U'>0$，$U''<0$，$U'''>0$。我们注意到，三阶导数大于零将意味着消费者预期未来消费不再等于而是大于当期消费，因此，由于存在不确定性，就会刺激消费者采取比确定性条件下更加谨慎的行为，选择更多的储蓄，利兰（Leland，1968）将这种额外的储蓄称为预防性储蓄。

式（4.5）为家庭跨期预算约束式，其中 $A_{i,t}$ 表示财富，r_i 表示实际利率①。$A_{i,t}$ 给定，并且令 $A_{i,T+1}=0$，以排除"借新债还旧债"的蓬齐条件。

式（4.4）和式（4.5）构成一个消费者动态规划问题，可由贝尔曼方程（Bellman equation）求解，先建立价值函数：

$$V(A_{i,t+j}) = \max_{C_{i,t+j}}\{U(C_{i,t+j}) + (1+\delta)^{-1}E[V(A_{i,t+j+1})]\} \qquad (4.6)$$

而后，经由式（4.6）求解出一阶条件（first order condition），也即是刻画消费者行为的 Euler 方程：

$$\left(\frac{1+r_i}{1+\delta}\right)E_t[U'(C_{i,t+1})] = U'(C_{it}) \qquad (4.7)$$

为了测度预防性储蓄动机，可将 $U'(C_{i,t+1})$ 的二阶泰勒展开式代入式（4.7），为便于 GMM 估计，重新调整可得②：

$$E_t\left[\frac{C_{i,t+1}-C_{it}}{C_{it}} - \frac{\rho}{2}\left(\frac{C_{i,t+1}-C_{it}}{C_{it}}\right)^2 - \frac{1}{\xi}\left(\frac{r_i-\delta}{1+r_i}\right)\right] = 0 \qquad (4.8)$$

金伯尔（Kimball，1990）定义式（4.8）中的 $\xi = -C_{it}\left(\frac{U''}{U'}\right)$ 表示相对风险厌恶系数，$\rho = -C_{it}\left(\frac{U'''}{U'}\right)$ 表示相对谨慎性系数。

基于本章选择的为宏观（汇总）数据，对上式的估计我们有别于国内已有文献，而是采用汉森和辛格尔顿（Hansen and Singleton，1982）提出的 GMM 方法。先选择协方差平稳的工具变量 $z_{it-p}^j, j = 1, \cdots, q$。其中，滞后阶为 $p(>0)$。理论上，Euler 方程的估计仅需要足够多消费增长率（c_{it}）滞后期作为工具变量以保证模型参数可被识别。本章为保证信息的充分利用，工具变量集还借鉴龙志和、周浩明（2000）及易行健、王俊海、易君健（2008）等人的成果，具体包括消费增长率（c_{it}），消费增长率平方（c_{it}^2）作为支出不确

① 借鉴施建淮、朱海婷（2004）的常利率假设，他们认为，实际利率对我国居民消费只有非常弱的替代效应。

② 需要指出的是，戴南为了让模型适用于微观数据，对此作了进一步转化，国内学者大都借鉴了这种处理方法。鉴于本章所使用的是汇总数据，我们将直接运用 GMM 估计。这就成为本章和已有实证文献的差异。

定性的代理变量，收入增长率（y_{it}），收入增长率平方（y_{it}^2）作为收入不确定性的代理变量，通胀率（π_{it}）及通胀率平方（π_{it}^2）以衡量宏观经济环境的不确定性。需要说明的是，由于我们还引入消费者的跨期选择行为，这是以历史信息集为基础的。因此这些工具变量均取滞后项以满足 Euler 方程"穷尽"历史信息的正交条件。

进一步，使用矩条件在样本条件下（sample analog）代替 Euler 方程：

$$E_g(z_{it-p},\theta) = \frac{1}{NT}\sum_{t=1}^{T}\sum_{i=1}^{N}g_{it}(z_{it-p},\theta) = g_{NT}(\theta) \qquad (4.9)$$

$$g_{it}(z_{it-p},\theta) = \begin{bmatrix} \left[\dfrac{C_{i,t+1}-C_{it}}{C_{it}} - \dfrac{\rho}{2}\left(\dfrac{C_{i,t+1}-C_{it}}{C_{it}}\right)^2 - \dfrac{1}{\xi}\left(\dfrac{r_i-\delta}{1+r_i}\right)\right]z_{it-p}^1 \\ \vdots \\ \left[\dfrac{C_{i,t+1}-C_{it}}{C_{it}} - \dfrac{\rho}{2}\left(\dfrac{C_{i,t+1}-C_{it}}{C_{it}}\right)^2 - \dfrac{1}{\xi}\left(\dfrac{r_i-\delta}{1+r_i}\right)\right]z_{it-p}^q \end{bmatrix}$$

$$(4.10)$$

参数向量 θ 的估计量 $\hat{\theta}$ 应满足 $g_{WT}(\hat{\theta})=0$，但一旦矩条件超出待估变量的数量，则会发生过度识别的情形，这时 $\hat{\theta}$ 需要极小化以下二次型（quadratic form）得到：

$$\hat{\theta} = \underset{\theta}{\mathrm{argmin}}g_{NT}(\theta)'W_{NT}g_{NT}(\theta) \qquad (4.11)$$

4.5.2　数据说明及实证结果

本章的数据为省际城镇居民人均实际消费额、人均可支配收入及价格指数，均来自中经数据库，样本跨度为 1992~2009 年[①]。这些水平变量均通过下式转化增长率：

$$variable_{it,growth} = \log(variable_{it}) - \log(variable_{it-1}) \qquad (4.12)$$

---

① 1992 年的"南方谈话"和党的十四大开启了中国市场经济改革的新阶段，由于制度变迁可能给实证结果带来"颠覆性"的影响，本章选择的样本区间始于 1992 年。

考虑时间跨度短的特征，简单地用式（4.13）来刻画经济变量的不确定性：

$$uncertainty_{it} = variable_{it,growth}^2 \qquad (4.13)$$

鉴于实证的需要，按经济区域将全国划分为东中西部①。

1. 平稳性检验

为了避免出现"虚假回归"的问题，正式分析之前，要对上述所有变量进行平稳性检验，而普通的单位根检验在检验面板数据时是低效的。我们需要考察一阶自回归面板数据方程，有关自回归系数有两个假设：一是假设不同横截面数据的自回归系数相同；二是假设不同横截面数据的系数不同。前者的单位根检验方法有 LLC，检验后者的单位根检验方法包括 LPS、Fisher-ADF 和 Fisher-PP。为此，我们将选用 LLC 和 IPS 方法对系统变量进行单位根检验。表 4-1 显示，在 1% 的显著性水平上，所有变量都呈现平稳性，故我们可以直接对变量进行回归分析。

表 4-1　　　　　　　　　变量的单位根检验

变量	Levin-Lin-Chu Test	Im-Pesaran-Shin Test
c_{it}	-4.18862 ***	-3.54183 ***
c_{it}^2	-4.09476 ***	-4.8655 ***
y_{it}	-3.6738 ***	-5.5179 ***
y_{it}^2	-4.3913 ***	-6.6584 ***
π_{it}	-9.6738 ***	-8.4040 ***
π_{it}^2	-5.2052 ***	-6.2273 ***

注：（1）*** 表示在 1% 的显著性水平上拒绝"有单位根"的原假设；（2）估计方程仅含有截距项。

---

① 在本章中，并没有按照目前国家统计局的经济区域分类将全国划分为四个区域，而是沿用了传统的三区域分类法，即东部地区是指北京、天津、河北、辽宁、上海、江苏、浙江、福建、山东、广东和海南；中部地区是指山西、吉林、黑龙江、安徽、江西、河南、湖北和湖南；西部地区是指重庆、四川、贵州、云南、西藏、陕西、甘肃、青海、宁夏、新疆、广西和内蒙古，并没有将东北部地区单独划分。主要是因为本章使用的是面板数据，而东北部地区只有辽宁、吉林、黑龙江三个省份，不满足动态面板数据的渐进理论，可能会导致估计结果的无效性，因此，沿用了传统的三区域划分方法。

2. 实证结果

本章用相对谨慎系数来描述预防性储蓄动机，先借助 GMM 方法来估计全国和地区的城镇居民相对谨慎性系数以得到对全国及地区间预防性储蓄动机强弱的整体概括。依据最优跨期选择原则，c_{it}，c_{it}^2，y_{it}，y_{it}^2，π_{it}，π_{it}^2 的所有滞后阶均可以充当工具变量，但是太多的工具变量并不有助于估计，并且可能弱化过度识别的 J 检验（David Roodman，2009）。本章限定最大滞后阶 p 为3，综合考虑拟合优度及 J-stat 选取工具变量。

考虑到样本区间内我国的社会经济制度、收入水平以及区域经济政策发生了很大的变化，因此，在这一段时期内我国城镇居民预防性储蓄动机的强度可能存在结构性差异与变化。借鉴易行健等（2008）的做法，以 5 年为一个窗口对相对谨慎性系数进行滚动回归估计，揭示样本区间内全国与分地区城镇居民的预防性储蓄动机强度的时序变化。

从表 4 - 2 中的估计结果来看，谨慎性系数估计值均在给定的显著性水平上通过了统计检验，估计结果显示，我国地区间相对谨慎系数估计具有较为明显的差异，窗口滚动的估计可以刻画出我国城镇居民预防性储蓄动机的变动趋势。另外，过度识别的 J-stat 统计均较低，并且对应的伴随概率均无法在常规的显著性水平拒绝工具变量有效的原假设，表明所选择的工具变量是有效的。据此我们可以将此作为下一步分析的基础。

表 4 - 2　　　　城镇居民预防性储蓄动机的地区差异和时序变化特征

时间	消费增长率			
	全国	东部	中部	西部
1992 ~ 2009 年	5. 73 *** （0. 2297）	5. 29 *** （0. 2281）	6. 55 *** （0. 8675）	6. 68 *** （0. 7670）
	0. 0121 ［0. 91］	0. 0619 ［0. 80］	0. 6550 ［0. 41］	0. 0185 ［0. 89］
1992 ~ 1996 年	4. 03 *** （0. 3556）	4. 31 *** （0. 3044）	4. 00 *** （0. 2745）	4. 07 *** （1. 1438）
	0. 0157 ［0. 9］	0. 2062 ［0. 64］	0. 2119 ［0. 64］	1. 0873 ［0. 29］
1993 ~ 1997 年	4. 58 *** （0. 1487）	4. 60 *** （0. 3898）	4. 73 *** （0. 3599）	5. 21 *** （0. 5169）
	0. 0924 ［0. 76］	0. 0454 ［0. 83］	0. 3694 ［0. 54］	0. 0814 ［0. 77］

续表

时间	消费增长率			
	全国	东部	中部	西部
1994 ~ 1998 年	6.01 *** (0.4888)	5.99 *** (0.6426)	4.51 *** (0.3393)	5.93 *** (0.5146)
	0.8582 [0.35]	0.0138 [0.90]	0.7186 [0.39]	0.8230 [0.36]
1995 ~ 1999 年	6.11 *** (0.2758)	6.07 *** (0.4113)	5.02 *** (0.2132)	6.35 *** (0.5581)
	0.3608 [0.54]	0.2087 [0.64]	1.1084 [0.29]	0.1443 [0.70]
1996 ~ 2000 年	7.72 *** (0.2600)	8.38 *** (0.4378)	7.21 *** (0.7419)	7.40 *** (0.5695)
	1.2486 [0.26]	0.9470 [0.33]	1.95 [0.16]	0.0565 [0.81]
1997 ~ 2001 年	9.51 *** (0.6630)	9.40 *** (0.9541)	7.99 *** (1.9818)	9.66 *** (1.4683)
	0.026 [0.87]	0.1056 [0.74]	0.0634 [0.80]	0.1627 [0.68]
1998 ~ 2002 年	10.45 *** (2.3892)	7.37 *** (1.9802)	10.20 *** (1.5184)	11.52 ** (4.3518)
	0.7610 [0.38]	0.0194 [0.88]	0.0327 [0.85]	0.2063 [0.64]
1999 ~ 2003 年	12.54 *** (2.4583)	11.96 ** (4.1248)	9.58 *** (1.6566)	13.13 *** (3.694)
	0.0022 [0.96]	0.0672 [0.79]	0.2822 [0.59]	0.1074 [0.74]
2000 ~ 2004 年	13.40 *** (2.8694)	13.35 *** (4.9190)	13.40 *** (2.8694)	13.68 *** (4.3223)
	0.0118 [0.91]	0.1566 [0.69]	0.0118 [0.91]	0.4416 [0.50]
2001 ~ 2005 年	12.73 *** (1.7544)	11.96 *** (2.6765)	10.65 *** (2.1372)	14.80 *** (3.8346)
	0.0153 [0.90]	0.2397 [0.62]	0.1168 [0.73]	0.4261 [0.51]
2002 ~ 2006 年	9.01 *** (1.4668)	8.89 *** (0.8097)	8.29 *** (1.4129)	8.79 *** (2.4262)
	0.9514 [0.32]	0.7544 [0.38]	0.4538 [0.50]	0.1299 [0.71]
2003 ~ 2007 年	5.74 *** (0.2099)	8.90 *** (1.6597)	8.77 *** (1.2373)	6.99 *** (1.3917)
	0.0087 [0.92]	0.2287 [0.63]	0.9936 [0.31]	0.0927 [0.76]
2004 ~ 2008 年	5.1669 *** (1.6640)	8.81 *** (1.0192)	9.34 *** (1.5245)	7.27 *** (1.234)
	0.3052 [0.58]	0.3052 [0.58]	0.0002 [0.98]	0.7297 [0.39]
2005 ~ 2009 年	5.10 *** (0.164)	6.4072 *** (1.5087)	8.30 *** (1.3492)	9.56 *** (1.8579)
	1.9617 [0.16]	0.3507 [0.55]	1.2660 [0.26]	0.8270 [0.36]

注: ***，**分别表示在 1%和 5%的显著性水平。Rho 表示谨慎性系数估计值；J-stat 表示检验过度识别是否有效的 J 统计量，此检验的原假设是所使用的工具变量与误差是不相关的。（ ）内对应的是标准差，而［ ］对应的是 J-stat 的伴随概率。全局估计时，同时控制了时间效应和个体效应；滚动估计时只省际个体特征已经通过哑变量控制。

为了更直观地描述全国与分地区城镇居民的预防性储蓄动机强度的时序变化特征，我们还绘制了我国城镇居民预防性储蓄动机的时序变化图，即图 4 - 3。

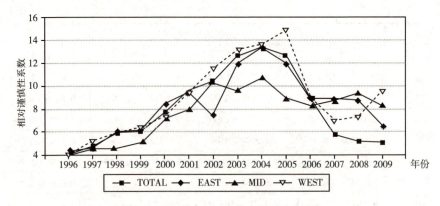

图 4 - 3　城镇居民预防性储蓄动机强度的地区差异和时序波动

（1996 ~ 2009 年）

3. 实证结果分析

从总体趋势上来看，我国城镇居民预防性储蓄动机强度呈现出倒 U 型结构，从最初的 4.03 上升至 13.4，而上升的这段时期正值我国推进的诸项改革。在这些改革的初始阶段，因为以企业职工为主的城镇居民未来收入和支出都存在显著的不确定性，所以其预防性储蓄动机强度不断增强。而后预防性储蓄动机的强度开始下降，并最终降至 5.1，基本回归到戴南所认定的合理区间（1 ~ 5）。

从分地区的数据来看，东部地区与全国的城镇居民相对谨慎系数拟合较好，在 2004 年达到最高值，随后一路下滑，但在 2002 年有一个意外的下降，东部的相对谨慎系数总体上最低；中部地区的相对谨慎系数同样是在 2004 年达到了最高值，2004 ~ 2006 年呈现下降趋势，而 2006 ~ 2008 年又略有升高，2008 ~ 2009 年又出现下降趋势，波动明显，中部的相对谨慎系数多数年份均比东部和西部低，但在 2006 年后却出现高于全国和东中部的情况；西部地区的相对谨慎系数在 2005 年达到峰值，2005 ~ 2007 年出现明显的下滑，2007 ~ 2008 年平稳上升，2008 ~ 2009 年出现大幅跃升，与中部一样波动明显，总体来看，西部的相对谨慎系数最高，除了在短暂年份（2006 ~ 2008 年）低于东中部外，均高于全国和东中部。

从实证的结论来看，我国城镇居民的预防性储蓄动机，存在三个特征：一是存在阶段性波动，针对城镇居民的多项改革在很大程度上强化了他们的预防性储蓄动机，但从总体上（1992～2009 年）来看，并非想象中的那么高。因此，我国居民的高储蓄率的问题，不仅仅是预防性储蓄动机强的问题，还与传统的储蓄观念有关；二是地区间的差异明显，东部地区城镇居民的预防性储蓄动机较低，而中部与西部地区的预防性储蓄动机较高，由此可以判断，我国"结构性高增长"下的地区间经济分化可能是引发区域间预防性储蓄动机差异的一个重要原因；三是随着多项改革的基本完成，目前城镇居民预防性储蓄动机已经较低，但高房价问题可能在一定程度上阻碍动机强度的减弱。但令人欣喜的是，国家正在积极鼓励和支持保障房建设以及控制商品房价格。

我国目前正在紧锣密鼓地进行收入分配改革，此次收入分配改革的目标是着力提高低收入者的收入水平，逐步扩大中等收入者比重，有效调节过高收入，而主要目的则是拉动以居民消费为主的内需，使经济走上良性增长的轨迹。当然，如果收入分配改革能够根据各地区差异分地区地进行，并配合住房、医疗、养老、教育等相关改革，减少城镇居民未来支出的不确定性，可能会有更好的效果。具体来看，一是在控制房价的基础上，建立以廉租房为主体的保障性住房体系，"以租代买"，降低居民的住房支出，并倡导消费者在不同年龄段、不同收入水平下选择不同的住房方式；二是继续扩大社会保障的覆盖面，确定合理的保障水平，并逐步实现养老保险和医疗保险的全国统筹；三是促进教育公平化，消除导致教育支出不确定性的择校费、赞助费等隐性费用。

4.6　本章小结

本章在宏观经济理论假设体系下，对我国经济的"结构性高增长"特征进行证明，并在这一特征下对我国城镇居民预防性储蓄动机问题进行研究。本章的实证结果揭示出我国城镇居民预防性储蓄动机强度自 2004 年后持续下滑的事实，目前已不再是我国城镇居民消费需求不振的主要原因。显然，居民收入占比下降及居民收入差距过大这两个收入分配的典型事实，已成为引致我国城镇居民消费需求不振的最主要原因。同时，这在一定程度上佐证了本书的逻辑起点，也解释了近些年社会各界将居民消费需求不振的目光聚焦于收入分配的原因。当然，我国在通过收入分配改革提振居民消费需求的同时，还需要考虑住房、医疗、养老、教育等相关改革的配合，以进一步弱化城镇居民的预防性储蓄动机。本书的后续章节中，将在宏观经济理论假设体系下，重点讨论城镇居民收入差距的演变与成因。具体数据见表4-3。

表4-3　　　1987~2009年城乡居民收入占GDP比重及平均消费倾向

年份	农村居民纯收入与GDP比重（%）	城镇居民可支配收入与GDP比重（%）	农村居民平均消费倾向	城镇居民平均消费倾向
1987	0.053234	0.0816215	0.6441446	0.9959086
1988	0.051031	0.0766931	0.6481599	1.1108287
1989	0.050543	0.0793643	0.6274501	1.0670354
1990	0.051188	0.0780533	0.5654395	1.0568417
1991	0.046334	0.0753231	0.5754708	1.0819711
1992	0.041914	0.0735202	0.5954751	1.1161551
1993	0.036110	0.0697762	0.6035297	1.1344766
1994	0.035633	0.0696213	0.5800892	1.1017676
1995	0.036982	0.0677501	0.5616223	1.1513093
1996	0.037845	0.0652463	0.5793218	1.1432350
1997	0.036729	0.0631937	0.5741531	1.1284228
1998	0.034617	0.0626950	0.5775368	1.1260622
1999	0.032784	0.0642414	0.5911416	1.0941237
2000	0.031861	0.0635954	0.5911875	1.0907678
2001	0.030331	0.0629159	0.5954181	1.0439384
2002	0.028625	0.0639366	0.5979203	0.9718544
2003	0.026219	0.0620062	0.5870333	0.9513468
2004	0.025122	0.0585920	0.5740667	0.9459115
2005	0.024748	0.0560730	0.5568739	0.9190889

续表

年份	农村居民纯收入与GDP 比重（%）	城镇居民可支配收入与 GDP 比重（%）	农村居民平均消费倾向	城镇居民平均消费倾向
2006	0.022611	0.0529135	0.5707372	0.9083720
2007	0.021785	0.0518587	0.5686292	0.8857665
2008	0.021279	0.0501134	0.5663596	0.8773342
2009	0.020623	0.0497782	0.5650988	0.8748359

资料来源：根据中经网统计数据库相关数据整理所得。

第5章
宏观经济理论假设体系下的分配制度
变迁与城镇居民收入差距

我国的分配制度是伴随着改革开放的深入而不断变迁的。其变迁的过程反映出国家在公平和效率之间的抉择，这与我国宏观经济的基本特征息息相关。经济的"结构性高增长"显然要求分配制度更偏向于"效率"，但当这种增长方式出现"瓶颈"时，偏向"公平"的分配制度必然要被重提。因此，本章将基于宏观经济理论假设体系，对我国分配制度的变迁进行探究，并初步分析城镇居民的收入差距问题。

随着改革开放各阶段分配制度的变迁，城镇居民收入来源日益多元化，由最初的工资性收入和转移性收入，扩展到了工资性收入、转移性收入、经营净收入和财产性收入四部分收入。占绝对主导地位的工资性收入，在总量增长的同时，其占比近年来呈现出来逐步下降的态势，而财产性收入和经营净收入在总收入中的占比却日益攀升。随着就业形势和择业观念的转变，城镇居民自主创业日益增多，城镇居民的经营净收入逐渐增加。近年来房地产业的爆发式增长①，催生房屋租赁市场的繁荣，同时，资本市场的日益完善，

---

① 国家的一系列土地政策，也无意中成了房价上涨的助推器。2002 年 7 月 1 日，国土资源部颁布的《招标拍卖挂牌出让国有土地使用权的规定》开始实施，助推了政府基础建设和城市化进程的速度，加大了征地、拆迁的行为，创造了大量的强制性消费需求；2004 年 7 月，根据国土资源部、监察部发文规定，"2004 年 8 月 31 日起，所有六类土地全部实行公开的土地出让制度，采取公开招标、公开拍卖、公开挂牌的方式出让土地。"地方政府在获得土地收益的同时，也大幅推升了房价。

理财产品的日益丰富，增加了城镇居民的投资渠道，这些都成为城镇居民财产性收入增长的重要推手。财产性收入和经营净收入日益成为城镇居民收入的重要来源。

在工资性收入占主导地位的时期，城镇居民收入较为均等，但随着工资性收入占比的下降，居民收入差距有所拉大。工资性收入占比下降会导致居民收入差距拉大吗？本章将在测度城镇居民收入差距（基尼系数）的基础上，考察收入各来源部分占总收入的比重与城镇居民收入差距的相关性，并进行Granger 因果检验，探究它们之间的内在联系，并在宏观经济理论假设下加以诠释。

5.1　新中国成立后到改革开放前的城镇居民收入情况简介

新中国成立后，为了适应公有制计划经济体制，我国开始了以重工业为主的工业化进程。由于底子薄、缺乏经验以及西方发达国家的封锁，为了工业化进程的资金积累，我国在很长一段时期内工农业产品的"剪刀差"现象严重。由于农产品价格长期低于其实际价值，而工业品价格往往又高于其价值，导致了城乡居民之间的收入差距较为显著。

城镇居民收入主要来源于国家机关和企事业单位的工资，全国实行一致的工人八级工资制以及干部二十四级工资制。由于对马克思主义分配制度的误读，我们片面地将社会主义的分配制度认为是纯粹的平均主义。因此，工资奖金平均主义分配理念和"大锅饭"分配制度及模式，使我国的城镇居民收入处于一个长期的均等状态，收入很低，但差距很小。林毅夫等（1998）总结了改革开放前我国城镇居民收入的两个特点：一是城镇居民收入来源单一（工资收入），收入差距小；二是职工工资水平变化非常小。[1] 就城镇居民收入的基尼系数来看，1978 年仅为 0.16，处于收入绝对平均的状态。

---

[1]　林毅夫，蔡昉，李周. 中国经济转型时期的地区差距分析 [J]. 经济研究，1998（6）.

但是，这种绝对平均的分配制度显然存在很多问题，在过度追求平等的同时却忽视了效率。我们认为，平均主义至少存在四个方面的问题。

一是无法发挥收入分配的激励作用。在计划经济体制下，分配制度的突出问题表现为"干与不干一个样""干多干少一个样""干好干坏一个样"等不合理现象，无论贡献大小，都只能得到相同的收入报酬。这显然不利于劳动者的生产积极性，是对劳动者劳动成果的不尊重。

二是挫伤了科技创新的积极性。在计划经济时代，知识、技术等生产要素无法参与收入分配，科学技术人员无论是否有创新，对其收入的影响并不大。其创新动力可能是对祖国的热爱或是个人的满足，没有一个强有力的激励机制去保证创新的可持续性。

三是难以发挥非公有制经济的作用。在改革开放前的经济体制下，我国的所有制结构是单一的公有制，排斥非公有制经济，没有发挥非公有制经济对就业、税收等方面的积极作用。将非公有制经济排除在整个经济系统之外，导致国民经济活力不足。

四是无法体现社会主义的优越性。虽然城镇居民收入处于一种高度的均等化状态，但整体上来看，由于没有相应的激励机制，无论是劳动者还是科技人员的积极性都不高，这也导致了生产力发展缓慢、国民经济缺乏活力、人民群众物质生活匮乏，除了低水平的均等，似乎并未能体现出社会主义的优越性。

5.2　改革开放各阶段分配制度的变迁

由于多年的计划经济体制，让政府认识到了计划经济体制的弊端；亚洲其他地区经济发展的成功[①]，也坚定了政府将计划经济向市场经济转型的决心。因此，我国于 1978 年开始了改革开放。我国的改革采取了一种渐进的方

---

① "亚洲四小龙"的中国台湾、中国香港、韩国、新加坡在 20 世纪 60 年代的出口导向型战略，实现了经济上的腾飞。

式，在进行改革试验的基础上不断深化，而不同于以快速私有化为核心的"休克疗法"。与此同时，我国收入分配制度也伴随着改革开放的深入而不断变迁。

5.2.1 改革开放各阶段的分配制度改革

在对我国改革开放的阶段划分上，将这 40 年划分为五大阶段。第一阶段为 1978～1984 年，第二阶段为 1984～1992 年，第三阶段为 1992～2002 年，第四阶段为 2002～2012 年，第五阶段为 2013 年至今。

第一阶段（1978～1984 年）是改革起步的初始阶段，生产力得到初步解放。党的十一届三中全会开启了我国的改革开放之路。经济体制开始由传统的计划经济向"在公有制基础上的有计划的商品经济"转变。在 1982 年党的十二大上，邓小平提出要建设有中国特色的社会主义。这个目标显然是没有先例可以学习的，改革必然会在摸索中前行①。初始阶段改革的主要特征是权利的下放和分散，如农村的家庭联产承包责任制及对国有企业进行放权让利的改革。十二届三中全会上关于"先富"和"共富"②的经典论断，打破我国长期以来的"平均主义"和"大锅饭"的分配理念，开始了真正意义上的按劳分配。

第二阶段（1985～1991 年）是工业改革的阶段，改革的重心开始由农村向城市倾斜，主要表现在国有企业的改革上，开始实行政企分开，所有权与经营权适当分开；1987 年党的十三大确定了"一个中心，两个基本点"的社会主义初级阶段的基本路线，提出了"三步走"的发展战略③。改革在摸索中快速前进，这一时期不仅城市经济日益活跃，农村的乡镇企业也日渐壮大。党的十三大报告中第一次明确提出了实行以按劳分配为主体、其他分配方式

---

① 邓小平的经典论述为"摸着石头过河"。

② "要让一部分地区和一部分人通过诚实劳动和合法经营先富起来，带动更多的人走向共同富裕"。

③ 第一步，实现国民生产总值比 1980 年翻一番，解决人民温饱问题（这个任务已于 1987 年基本解决）；第二步，到 20 世纪末，使国民生产总值再增长一倍（人均达到 800 美元），人民生活达到小康水平（已于 1995 年基本实现）；第三步，到 21 世纪中叶，人均国民生产总值再翻两番，达到中等发达国家的水平，人民生活比较富裕，基本实现现代化。

为补充的分配制度①。

第三阶段（1992～2002 年）是向市场经济的过渡阶段。1992 年邓小平的"南方谈话"给予了改革比以往更有力的支持。党的十四大总结了自 1978 年以来改革开放的实践经验，明确了建立社会主义市场经济体制的改革目标，为我国的重大变革确定了基本方向。鉴于 20 世纪 90 年代初期国有企业问题的日益严重，党的十四大上提出要转换国有企业特别是国有大中型企业的经营机制；1994 年的十四届三中全会提出国有企业要建立现代企业制度②。

"南方谈话"后我国经济发展进入加速期，建立了社会主义市场经济体制的基本框架，结束了短缺经济。国内经济在 1992～1996 年连续增长 12.2%。虽然我国在 1997 年遭遇了亚洲金融危机，但在巨大的压力下仍坚持人民币不贬值，并为缓解亚洲金融危机采取了一系列的积极政策。2001 年底更是成功地加入了 WTO，更有力地促进了改革开放的深化。十四届三中全会确定了"多种分配方式并存"的制度，提出了"效率优先，兼顾公平"的分配原则。之后党的十五大上提出各种生产要素参与分配，进一步巩固了"效率优先，兼顾公平"的原则。

第四阶段（2003～2012 年）始于 2002 年党的十六大提出的"三个代表"重要思想，确定全面建设小康社会的奋斗目标。面对社会发展的阶段性特点，2007 年党的十七大上，将科学发展观写入党章。自此，"树立科学发展观、构建社会主义和谐社会、走和平发展道路"成为全面建设小康社会和民族复兴的"三大法宝"。在这一阶段，经济总量高速稳定增长，人民生活也上了新的台阶，在发展的同时，更加关注社会的公平正义。而社会分配的不公以及贫富差距过大等问题也是这一阶段必须解决的重要问题。党的十七大在分配制度上明确指出"健全劳动、资本、技术、管理等生产要素按贡献参与分配的制度"，首次提出了"初次分配和再分配都要处理好效率和公平的关系"，强调了"再分配要更加注重公平"，并提出了逐步缩小收入差距扩大的措施。

这一阶段是城镇居民收入差距较大的一个时期，也是城市化进程的加速

---

① 这一分配制度也被视为"效率优先、兼顾公平"的雏形。
② 《中共中央关于建立社会主义市场经济体制若干问题的决定》。

时期。在这一时期，房地产业爆发式增长。虽然国家出台诸多调控需求和供给的政策，但仍难阻房价的一路飙升，这也是该阶段居民收入差距有所加大的重要原因。

第五阶段（2013 年至今）是 2013 年以来我国经济步入新常态，经济增长速度放缓、增长方式发生改变，供需错配问题明显，处于全面深化改革的重要时期，收入差距开始缩小。党的十八大以来，以党中央 2013 年首次提出精准扶贫为起点，以党的十八届五中全会和中央扶贫开发工作会议决策部署为标志，我国扶贫开发进入脱贫攻坚新阶段，着重强调"公平"。2013 年《关于深化收入分配制度改革的若干意见》提出，要促进中低收入职工工资合理增长，建立反映劳动力市场供求关系和企业经济效益的工资决定及正常增长机制。党的十八届三中全会强调着重保护劳动所得，努力实现劳动报酬增长和劳动生产率提高同步，提高劳动报酬在初次分配中的比重。

5.2.2 宏观经济基本特征与分配制度变迁

我国的分配制度是在效率和公平之间进行不断抉择的过程。在改革开放的初始阶段（农业改革阶段）确立了社会主义的按劳分配的制度（偏向效率）；工业改革阶段在按劳分配的基础上引进其他分配方式作为补充（偏向效率）；向市场经济的过渡阶段更将效率优先于公平；改革开放的深化阶段则再度关注公平，要求处理好公平和效率的关系，更加侧重公平。

究其根源，分配制度的变迁源于我国宏观经济"结构性高增长"这一基本特征。因此，可以基于宏观经济理论假设体系来分析我国分配制度的变迁。由于我国的生产力不平衡结构在改革开放前就已经形成，公社制度下的农业生产效率低下，在一定程度上束缚了工业的发展，改革的初始阶段选择农业作为突破口，家庭联产承包责任制（也是收入分配制度的改革，在这种制度下，农民多劳多得）有力地促进了农业生产效率的提升。农业部门的加速发展，使农村居民人均实际收入在 1978～1985 年实现了年均 15% 的增速。同时，农户的高储蓄倾向促使他们将钱存进银行（信用合作社），而这些资金又被用于工业投资。在第一阶段的改革中，实际上是既增加了农业剩余（为工业提供原料或出口创汇）也为工业发展提供了资金。在第二阶段，随着外资和技术设备的引进，无论是外资还是技术设备都要求获得相应的回报，这时的分配制度是以按劳分配为主、其他分配方式为补充，这在一定程度上也保证了外资和技术设备作为生产要素而获得相应报酬。"南方谈话"后，改革开放进一步推进，进入第三阶段，我国引进外资和购买国外技术设备规模也进入一个高峰期，此时的分配制度更加明确了效率优先、兼顾公平的分配原则，实质上保证了资本和技术要素的报酬。第四阶段经济高速稳定增长，随着技术引进速度的放缓，生产力不平衡结构的再度加剧，居民收入差距日趋拉大，国家将收入分配制度中的"公平"重新提到了一个新的高度。第五阶段经济增长速度放缓，增长方式发生改变，开始由高速度向高质量增长转变，居民收入差距开始缩小。

综上所述，宏观经济的"结构性高增长"特征引发了我国分配制度的变迁，进而导致了收入分配失衡。一是使我国在全球收入分配中处于劣势地位，而劳动收入在国内收入分配中又处于劣势，一个简单的解释是引进技术和设备的费用（支付给国外的成熟技术拥有者）必然会挤占国内的劳动收入，造成劳动收入占比的持续下滑，而资本收入占比却持续上升；二是造成了地区间和行业间的两极分化，导致地区间收入差距及行业间的工资差异拉大，进而引发总体居民收入差距的拉大。

5.3　改革开放各阶段城镇居民收入来源变化的现实考察

2010 年我国城镇居民人均可支配收入为 19109.44 元，比 1978 年的 343.4 元增长了 54 倍多。30 多年来，随着分配制度的不断变迁，城镇居民收入来源中工资性收入占比出现了一定的下滑，而其他方面的收入占比则呈现上升的趋势。1985 年城镇居民收入中 84.3% 来自工资性收入，其他方面的收入仅占 15% 左右；2010 年工资性收入的比重下降到 65.2%，其他收入的比重则上升至 35%。

5.3.1 改革开放的第一阶段，收入来源主要为工资性收入

改革开放之前，城镇居民的收入来源主要为工资性收入。这一现象延续至改革开放的第一阶段，即 1978～1984 年改革开放的初始阶段。虽然国有企业在这一阶段开始放权，但长期的传统计划经济思想仍占上风；相比作为改革排头兵的农村而言，城镇居民就业仍集中于国有和集体企业，收入来源仍集中于工资性收入。

工资作为劳动力价格，是最重要的劳动力市场数据之一，但我国的职工工资统计范围并不全面。在新中国成立后到改革开放前期，由于国内的经济成分单一，职工工资一般只统计全民和集体单位就可以满足统计需要。根据统计数据，在改革开放的第一阶段，城镇职工工资有两次飞跃。第一次是在 1978～1980 年，这一时期企业自主权得到扩大，同时，在工资分配制度中恢复了计件工资和奖金制度，城镇职工在 26 年后终于迎来了工资的大幅增长，职工人均工资由 615 元上涨至 762 元；第二次飞跃是在 1984 年，由于部分单位用自费的方式来增加工资、增发奖金等，将市场调节引入工资发放领域，1984 年职工人均工资达到了 974 元。

5.3.2 自改革开放的第二阶段开始，收入来源日益丰富

随着改革开放的逐步深入，城镇经济开始彰显自身的活力，各种经济成分单位如雨后春笋般地涌现，相应的城镇居民收入来源也开始逐步丰富。职工工资统计制度增加了内资和外资等经济单位，但私营单位以及个体经济单位员工的工资却未能进入统计范围，也就导致了改革开放深入发展后，统计出的职工平均工资并不能反映全社会法人单位职工平均工资的实际情况，有被低估的嫌疑。

2002 年以前的《中国统计年鉴》中，城镇居民的收入被划分为国有单位职工工资等 10 多类；自 2002 年开始，《中国统计年鉴》中的城镇居民家庭基本情况数据中的人均年收入来源主要分为工资性收入、经营净收入、财产性

收入和转移性收入等四类。本节将依据工资性收入、经营净收入、财产性收入和转移性收入的具体定义（见第1章第1.3节中关于概念的界定），对2002年之前的相关数据进行合并。并根据《中国统计年鉴》中的相关数据，对1985~2013年的城镇居民收入来源数据进行归纳和整理，计算城镇居民收入各来源部分占人均收入的比重。具体结果如表5-1和图5-1所示。

表5-1　　　　　　　　　　1985~2013年城镇居民收入来源　　　　　　　单位：元

年份	工资性收入	经营性收入	财产性收入	转移性收入	人均收入
1985	620.79	10.20	3.74	101.83	736.56
1987	824.29	10.68	5.60	156.75	997.32
1988	913.34	16.33	7.36	238.10	1175.13
1989	1040.49	20.25	12.03	292.76	1365.53
1990	1146.39	18.71	15.60	319.47	1500.17
1991	1283.82	25.06	19.72	355.26	1683.86
1993	1988.91	40.67	45.80	433.83	2509.21
1994	2687.79	61.63	68.84	613.18	3431.44
1995	3270.40	90.60	90.43	739.75	4191.18
1996	3668.40	115.92	111.98	832.1	4728.40
1997	3798.13	168.17	124.39	954.92	5045.61
1998	3875.33	186.65	132.87	1089.49	5284.34
1999	4084.37	221.92	128.65	1262.96	5697.90
2000	4174.48	348.20	128.38	1468.02	6119.08
2001	4483.52	400.34	134.62	1673.84	6692.32
2002	5739.96	332.16	102.12	2003.16	8177.40
2003	6410.22	403.82	134.98	2112.2	9061.22
2004	7152.76	493.87	161.15	2320.73	10128.51
2005	7797.54	679.62	192.91	2650.70	11320.77
2006	8766.96	809.56	244.01	2898.66	12719.19
2007	10234.76	940.72	348.53	3384.6	14908.61
2008	11298.96	1453.57	387.02	3928.23	17067.78
2009	12382.11	1528.68	431.84	4515.45	18858.08
2010	13707.68	1713.51	520.33	5091.9	21033.42

续表

年份	工资性收入	经营性收入	财产性收入	转移性收入	人均收入
2011	15411.91	2209.74	648.97	5708.58	23979.2
2012	17335.62	2548.29	706.96	6368.12	26958.99
2013	18929.79	2797.11	809.88	7010.26	29547.05

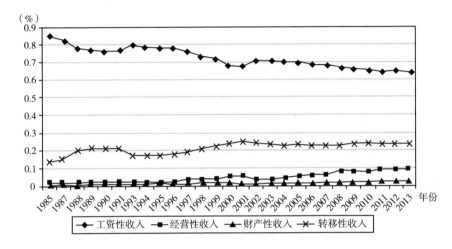

图 5-1　城镇居民收入各来源部分占个人总收入的比重

就工资性收入来看，其仍然是家庭收入的最主要来源。工资性收入大幅度提高的同时，其比重却呈现出持续下降的态势。究其原因，一是由于收入来源的日益丰富，经营净收入、财产性收入及转移性收入的增速要快于工薪收入的增速；二是与国有企业在 20 世纪 90 年代末期的效益下滑以及"国退民进"的改革有关。

改革开放后，非公有制经济的发展有力地推动了私营经济和个体经济的发展。特别是个体劳动者的数量日益增多。近些年来，国家更是采取一系列措施，出台一系列优惠政策，通过扶持下岗失业人员再就业，以及支持毕业生自主择业，鼓励全民创业，使得个体劳动者数量激增，经营净收入在 27 年内增长了 270 多倍，并在 2003 年以后呈现出持续增长的态势。经营净收入的比重从 1985 年的 1% 上升至 2013 年的 9%。

城镇居民收入的增长必然会带来财产的增多。相应地，财产性收入也日渐增加①。随着沪深股市的建立，资本市场的日益繁荣，城镇居民的金融活动日趋活跃。城镇居民的投资意识不断增强，投资渠道也日趋多元化。同时，随着城市化的发展，城镇居民的出租房屋的租金收入也相当可观。财产性收入的比重也从 1985 年的 0.5% 提高到 2013 年的 2.7%。

随着国家财政的好转，转移性收入的增长也十分迅速。城镇企事业单位离退休人员的养老金逐年进行上调。2007 年城镇居民年人均养老金或离退休金为 2242.13 元，比 1985 年增长 58.6 倍，占全部收入的 15.7%。而转移性收入也由 1985 年的人均 101.83 元，上升到 2013 年的 7010.26 元，占人均收入的比重上升了近 10 个百分点。

5.4　改革开放各阶段城镇居民收入差距的演变

5.4.1　城镇居民收入基尼系数的测度

基尼系数是最为常用的考察居民收入差异的指标，但基尼系数存在一个难点，即其分解问题。即使可以分解，也可能因为分组中存在重叠的情形而出现交叉项。在使用基尼系数来考察收入差距时，必须将分解问题作为首要考虑的因素。但在这里，根据《中国统计年鉴》中的数据，按收入等级将城镇居民家庭分为最低收入户、低收入户、中等偏下户、中等收入户、中等偏上户、高收入户、最高收入户七个分组，每组的调查户数占调查总户数的比重分别为 10%、10%、20%、20%、20%、10%、10%。由于各组间并不存在重叠，可以认为交叉项为 0，因此，无须考虑分解问题，直接运用相应的公式进行计算即可。基于这七个分组并非以等分组的形式出现，在此我们将使用陈昌兵（2007）提出的非等分组基尼系数计算公式，即：

---

① 党的十七大报告中也明确指出"创造条件让更多群众拥有财产性收入"。

$$G = \sum_{i=1}^{N} W_i Y_i + 2 \sum_{i=1}^{N-1} W_i (1 - V_i) - 1$$

其中，W_i 表示按收入分组后的人口数占总人口的比重；Y_i 表示按收入分组后各组人口所拥有收入占收入总额的比重；$V_i = Y_1 + Y_2 + Y_3 + \cdots + Y_i$。

根据《中国统计年鉴》整理的非等分组数据，本节计算出 1985~2013 年的城镇居民收入基尼系数，如表 5-2 和图 5-2 所示。

表 5-2 　　　　　　　　　1978~2013 年城镇居民收入的基尼系数

年份	基尼系数	年份	基尼系数
1978	0.16	1996	0.21
1979	0.16	1997	0.22
1980	0.15	1998	0.23
1981	0.15	1999	0.23
1982	0.15	2000	0.25
1983	0.16	2001	0.26
1984	0.16	2002	0.31
1985	0.16	2003	0.31
1986	0.16	2004	0.32
1987	0.16	2005	0.33
1988	0.17	2006	0.33
1989	0.15	2007	0.32
1990	0.17	2008	0.33
1991	0.16	2009	0.32
1992	0.18	2010	0.32
1993	0.20	2011	0.32
1994	0.21	2012	0.30
1995	0.21	2013	0.31

资料来源：1978~1984 年的数据参考统计局公布资料及其他文献的计算结果所得。

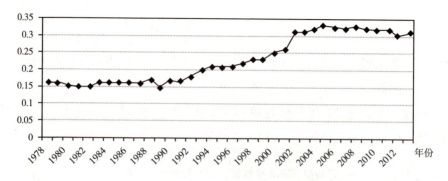

图 5 - 2　1978 ~ 2013 年城镇居民收入的基尼系数

表 5 - 2 中的城镇居民收入基尼系数值，与国家统计局公布的 1978 ~ 1999 年数据及张东生主编的《中国居民收入分配年度报告（2010）》附表 12 中的数据相比，存在低估的可能。原因可能有两个：一是国家统计局和张东生所采用的数据应该是样本数据，而本书使用的是《中国统计年鉴》中的分组数据；二是测度方法选择上的差异。但由于本书并不以基尼系数大小来作为判别居民收入差距的标准[①]，而仅仅是用于分析城镇居民收入差距的演变轨迹，并供后文实证所用，因此，存在一定的差异可以忽略。洪兴建（2010）在《基于分组数据的样本基尼系数范围估计》一文中推算了城镇居民收入的基尼系数范围，给出了部分年份基尼系数的上下限。具体数值为：1980 年（0.1571 - 0.1819），1985 年（0.1639 - 0.1710），1990 年（0.1769 - 0.1850），1995 年（0.2081 - 0.2178），2000 年（0.2454 - 0.2570），2005 年（0.3291 - 0.3456）。本章计算的结果均在其推算的范围之内，只是更接近其下限。

　　[①]　基尼系数在 0 - 1 之间，按照联合国有关组织规定：基尼系数低于 0.2 表示收入绝对平均；0.2 - 0.3 表示比较平均；0.3 - 0.4 表示相对合理；0.4 - 0.5 表示收入差距较大；0.6 以上表示收入差距悬殊。通常把 0.4 作为收入分配差距的"警戒线"。在本章中，测度的城镇居民基尼系数显然不能以这样的标准来进行判断。在 2002 年厉以宁先生（《光明日报》）以及徐振斌（《人民日报》）均提出的将城乡基尼系数分开计算，引起了广泛的批评之声，被认为是在掩盖日益加剧的收入差距。本章认为，在我国存在城乡二元结构的前提下，分开计算有利于分析城乡各自存在的收入差距问题，但计算的数值显然不能以基尼系数的一般指标作为参照，因为显然联合国有关组织规定的标准是针对全国总体的基尼系数值。

5.4.2　改革开放各阶段城镇居民收入基尼系数的演变与成因初探

在改革开放的第一阶段（1978～1984 年），由于统计年鉴中数据的缺失，这种非等分组的方法无法用于计算这一阶段的收入基尼系数。但根据国家统计局和其他学者的相关测度数据，比较一致的结论是，在这一阶段，城镇居民收入差距并没有扩大，甚至有缩小的迹象，国家统计局公布的相关数据显示，基尼系数从 0.16 下降到了 0.15。

这一时期，改革的主体为农业，改革的主战场在农村，林（Lin，1992）的研究表明，农业产量的年增长率从 2.9%（1952～1978 年）上升至 7.6%（1978～1984 年）[①]。而家庭联产承包责任制对于农业产量增加的贡献率比其他任何因素都要大（Lin，1992；Lin，Cai and Li，2003）。第一阶段农村居民收入的基尼系数由 0.16 扩大至 0.23。而城镇就业者中绝大多数为企事业单位（国有和集体）职工，由于计划经济时代长期实行的"平均主义""大锅饭"式的分配制度，企事业单位职工的工薪收入差距较小。此时，工薪收入是城镇居民收入的最主要构成部分，因此，城镇居民的总体收入差距较小，处于"公平化"程度很高的阶段。这一时期，"万元户"十分稀有，也从另一个角度佐证了收入差距较小的事实。

第二阶段（1985～1991 年），城镇居民收入基尼系数总体略有上升，但上升幅度不大，仍然处于较低的水平。在这一时期，随着改革开放的深入，城镇经济开始繁荣，就业渠道日益丰富，个体经济、私营经济、外资经济如雨后春笋般地纷纷涌现。但这一时期，也正是国有企业焕发青春的阶段，国有和集体企业开始实行政企分开，所有权与经营权适当分离，国有和集体企业职工的收入在总收入中仍占据十分重要的地位。国有企业成功的政企初步分离保证了企业经营效率的提高，也保证了城镇居民收入差距的稳定。

---

① Lin, Justin Yifu. "Rural Reforms and Agricultural Growth in China", American Economic Review, 1992, vol. 82（1）: 34–51.

第三阶段（1992～2002年），基尼系数一路攀升，突破了0.3的关口。一方面，邓小平同志"南方谈话"将我国改革开放推向了一个新的高潮，东部沿海城市的对外开放进入加速期，引进外资和各项先进技术的步伐明显加快，一大批新兴行业快速成长。另一方面，市场经济体制改革的深入，国有企业改革要求建立现代企业制度，转变企业的经营机制。一大批竞争力弱的国有和集体企业在转型中逐步被淘汰，企业职工下岗、失业，特别是大量的40～50岁的待业人员，由于缺乏基本的技能，难以进行再就业，只能获取较少的下岗工资或失业救济，各地出现了相当数量的绝对减收户和相对减收户。这一时期，改革开放在取得巨大成就的同时，也凸显出了一些问题。由于更加侧重于效率的分配原则，居民收入差距在这一阶段明显拉大。

第四阶段（2003～2012年），基尼系数进一步拉大，2008年达到峰值0.33，但2009年以后，开始略有下降。这一时期经济高速稳定增长，人们生活也上了新的台阶，但在发展的同时，社会分配不公以及贫富差距过大等问题日益显著。国家对此也给予相当的重视，无论是"三个代表"重要思想还是"科学发展观"的提出，都是国家在政策层面试图解决和应对这一难题的举措。一方面，这一时期由于城镇居民财富的增加，投资渠道日趋畅通，居民工薪收入之外的收入开始增多，这可能是构成居民收入差距的相对合理部分。另一方面，由房地产业及其相关产业而引发的"造富运动"①以及垄断行业的高工资原因构成了我国这一时期居民收入差距拉大的不合理部分。社会分配不公以及贫富差距过大等已成为这一阶段所必须面对和解决的重要问题。

第五阶段（2013年以来），城镇居民收入基尼系数总体处于下降的通道，维持在0.30左右，收入差距逐渐减少。十八届三中全会以来，收入分配制度改革稳步推进，社会保障制度不断完善，大力推进扶贫工作。"一带一路"倡议的提出带动了经济发展，"十三五"规划明确提出缩小收入差距的战略目标，各项工作逐步实施；党的十九大报告也提出要坚持按劳分配原则，不断

---

① 房地产业在我国工业化转型期和城市化加速期开始繁荣，并逐步成为我国的支柱产业，地方政府的"土地财政"更是成为房地产市场繁荣的助推器。

完善按要素分配的体制机制，扩大中等收入群体，增加低收入者收入，调节过高收入，取缔非法收入，拓宽居民劳动收入和财产性收入渠道。履行好政府再分配调节职能，缩小收入分配差距。另外，金融科技爆发式发展，不断成熟，促进了资金的流动，扩大了居民融资渠道，经营净收入不断上升。虽然当前经济增速放缓，但并没有造成居民收入的减少。

5.4.3 收入来源变化对城镇居民收入基尼系数的影响

在此，以计量方法来考察收入来源变化是否会影响城镇居民收入差距。由于《中国统计年鉴》自 2014 年开始用人均可支配收入代替人均收入进行统计，因此，选取 1985～2013 年的数据作为实证检验的样本。

先作简单回归分析，以城镇居民收入基尼系数（$gini$）为被解释变量，各收入来源的占比（y_t）为解释变量，得出表 5-3 中的估计值。

表 5-3 　　　　　　　　　　简单回归结果

解释变量	城镇居民收入基尼系数	城镇居民收入基尼系数	城镇居民收入基尼系数	城镇居民收入基尼系数
工资性收入占比（y_1）	-0.955050 （-9.149506）			
经营净收入占比（y_2）		2.041618 （9.764841）		
财产性收入占比（y_3）			5.295455 （3.163684）	
转移性收入占比（y_4）				1.695201 （6.458470）
常数	0.941433	0.159959	0.149773	-0.110610

从回归结果可以发现，工资性收入占比与基尼系数呈负相关的关系，相关系数为 -0.955050，即工资性收入占比的上升会导致城镇居民收入基尼系数的下降，即工资性收入占比上升有利于城镇居民收入差距的缩小。其他各项如经营净收入占比、财产性收入占比及转移性收入占比与城镇居民收入基

尼系数之间有显著的正相关关系，即这三项收入来源的占比上升，会加大城镇居民收入差距。但这只是对变量之间相关性的讨论，可能会存在"伪回归"的情况。因此，将使用 Granger 因果检验来确认收入各来源部分与城镇居民收入基尼系数之间的传导关系。

根据托达和山本（Toda and Granger，1995）提出的 Granger 因果检验方法①，可以在不关注变量单整性及协整性的情况下，检验它们之间的因果关系。经检验，结果如表 5-4 所示。

表 5-4　　　城镇居民收入各来源占比与基尼系数的 Granger 因果关系（滞后 3 阶）

检验假设	观察值	F 统计量	P 值
基尼系数不是工资性收入占比的 Granger 原因	29	3.26769	0.0470
工资性收入占比不是基尼系数的 Granger 原因		1.87235	0.1726
基尼系数的不是经营净收入占比 Granger 原因	29	3.05108	0.0569
经营净收入占比不是基尼系数的 Granger 原因		0.61124	0.6169
基尼系数不是财产性收入占比的 Granger 原因	29	0.41584	0.7439
财产性收入占比不是基尼系数的 Granger 原因		0.60856	0.6185
基尼系数不是转移性收入占比的 Granger 原因	29	4.59946	0.0156
转移性收入占比不是基尼系数的 Granger 原因		2.02565	0.1485

从各分项的检验结果中，我们可以得出以下结论：

一是收入差距是工资性收入变动的 Granger 原因，工资性收入占比不是城镇居民收入差距变动 Granger 原因，结果虽然不显著，但是，从伴随概率上看，工资性占比有83%的概率可以引起基尼系数变动；

二是经营净收入占比不是城镇居民收入基尼系数的 Granger 原因，但基尼系数是经营净收入占比的 Granger 原因；

三是财产性收入占比与城镇居民收入基尼系数没有 Granger 因果关系；

四是基尼系数是转移性收入占比的 Granger 原因，转移性收入不是城镇居民收入基尼系数的 Granger 原因，结果虽然不显著，但是，从伴随概率上看，

① 具体研究参见刘凤良和鲁旭的《CPI 与 PPI 的"虚假传导"及其修正——一个相对稳健的实证框架》一文。

转移性收入占比有 87% 的概率可以引起基尼系数变动。

由于 2013 年之前经营净收入和财产性收入所占人均实际收入的比重较小，从实证结果来看，可能对城镇居民收入差距产生的影响并不显著。但从以上的实证分析中可以发现工资性收入占比的下降，可能是城镇居民收入差距拉大的一个重要原因；从其反面考虑，工资性收入的上涨有利于缩小收入差距。因此，很多省份对最低工资的调高应该有利于居民收入差距的缩小。而转移性收入的增加，却加大了城镇居民收入差距，这可能是因为各省之间的转移支付水平存在差异。在一个省份内部，转移性收入可能有缩小居民收入差距的作用；但在省际之间，却可能由于各省份转移性收入的差异较大，而加剧了省际之间居民收入的差距。

因此，工资性收入占比与其他收入占比的此消彼长，在一定程度上拉大了城镇居民收入差距，这实际上是分配制度更加偏向于效率的结果。从前文的论述中可以发现，改革开放各阶段收入分配制度变迁所引发的居民收入来源的日益丰富，正是导致工资性收入占比下降主要原因；而分配制度变迁的根本原因则需要着眼于我国宏观经济的基本特征假设，即经济的"结构性高增长"特征在很大程度上导致了我国分配制度不断的偏向于效率。

5.5　本章小结

本章重点探讨了改革开放各阶段的分配制度改革及收入来源的变化。同时，利用非等分组的基尼系数计算公式，测度了改革开放以来我国城镇居民收入的基尼系数。在利用收入各来源部分占总收入的比重与城镇居民收入基尼系数进行检验后发现，城镇居民收入基尼系数与工资性收入占比之间互为 Granger 因果原因，并存在较强的负相关关系，即工资性收入占比的上升有助于收入差距的缩小；与之相反的是，转移性收入的增加却不利于收入差距的缩小。笔者认为，城镇居民收入差距的拉大与改革开放以来分配制度的变迁息息相关；而分配制度的变迁，又主要源于我国宏观经济"结构性高增长"这一基本特征。

第6章
宏观经济理论假设体系下的城镇居民收入差距的演变与成因

在我国宏观经济理论基本假设体系下，我国自改革开放以来的经济增长可以归纳为以生产力不平衡结构下的引进式技术进步为核心、以国家强动员能力为保障的"结构性"经济增长。国家强动员能力主要表现为对土地、自然资源和金融资源等要素的配置能力。这些资源，一是可以作为引进技术的重要手段，如以市场换技术、以政策换技术等，即用低廉的土地和自然资源吸引外资，或以外汇直接购买国外的技术设备，加快工业化进程；二是有利于国家进行基础设施建设，加速技术引进和城市化进程①。然而，这种依靠国家强动员能力保障和引进式技术进步所实现的"结构性"经济增长，也带来了诸多的经济问题，最为显著的莫过于居民收入差距的拉大。

笔者认为这种经济增长方式至少在四个方面造成了居民收入差距的拉大，即城乡居民收入差距、地区间居民收入差距、行业间职工工资差距、城镇和农村内部居民收入差距，而这四类差距往往又会相互交织在一起。在第5章中，已对城镇居民收入基尼系数的演变和成因进行了初步探索。本章将在我国宏观经济理论假设下，更为详细地从地区间收入差距和行业间工资差距两个方面来讨论我国城镇居民的收入差距问题。

---

① 基础设施的完善，也有利于我国更好地引进国外的资金和设备。

6.1 S – S 定理的失灵与我国城镇居民收入差距

S – S 定理 (斯托尔帕—萨缪尔森定理) 是要素禀赋理论的四个重要定理[①]之一, 也是讨论国际贸易对收入分配影响的一个重要定理。该定理认为, 对外开放会导致一国使用相对充裕要素生产的产品出口量增加, 外需的增加引致对要素需求的增加, 从而使该国相对充裕要素的价格提高; 同时, 由于该国进口使用相对稀缺要素生产的产品, 会减少其国内生产, 从而使此类稀缺要素价格下降。根据这一定理, 可以认为发展中国家的非技术 (非熟练) 工人是相对充裕的, 而技术 (熟练) 工人相对稀缺, 因此, 对外贸易将逐步缩小收入差距。然而, 实际情况却似乎并非如此。我国改革开放以来, 特别是加入 WTO 后, 伴随经济日益开放的却是收入差距的不断拉大。而实际上, 大多数发展中国家随着开放程度的不断加深, 均出现了日益严重的收入差距问题, 针对这一现象, 学者们进行了相关的研究。如戈登和安 (Gordon and Ann, 1999) 对墨西哥的研究以及塞巴斯蒂安和巴勃罗 (Sebastian and Pablo, 2003) 对阿根廷的研究, 得出了贸易自由化加剧收入不平等的结论。而布兰科 (Branko, 2005) 使用世界银行公布的世界收入分布数据对落后国家的研究也证实了这一结论。一些研究则认为发展中国家在对外开放中会出现出口导向及企业经营风险等问题, 这更有利于熟练劳动力的需求, 而不利于非熟练劳动力的需求, 因此, 劳动力的供求关系会加剧收入不平等 (Wood, 1997; Panagariya, 2000; Rodrik, 1997; 等等)。

我国"结构性高增长"过程中出现的收入不平等问题, 显然不仅仅是对外开放或是劳动力之间工资收入差距所能完全解释的, 我国居民收入的差距问题要更为复杂。从全球视野来看, 我国的劳动要素收入处于被剥削的地位, 发达国家的技术要素收入处于剥削地位。国内外各要素收入间的关系是: 国

[①] 即 H – O 定理 (赫克歇尔 – 俄林定理)、S – S 定理、H – O – S 定理 (赫克歇尔—俄林—萨缪尔森定理) 及雷布钦斯基定理。

内（技术引进方）劳动要素收入＜国内资本要素收入＜发达国家（技术输出方）劳动、资本要素收入，这种关系使我国的居民收入整体偏低。从国内地区间收入差距来看，东部发达地区作为引进式技术进步的主要受惠者，中西部欠发达地区的收入（特别是劳动、资源要素收入）有一部分隐性地转移到了东部地区。不仅如此，东部地区引进技术多，经济增长快，经济"总蛋糕"大，政府财政收入多，在其他条件不变时，相比于中西部地区，东部地区分配给居民的收入也较多（无论是直接分配还是再分配），进而拉大地区间居民收入差距。从行业来看，也存在相类似的问题，即高端行业是引进技术的受惠者，在发展过程中逐步拉大与低端行业的差距，进而造成行业间工资收入差距的扩大。综合来看，我国城镇居民收入差距的演变源于我国宏观经济的基本特征。

本章将在宏观经济理论基本假设体系下，分别探讨"结构性高增长"下的城镇居民地区间收入差距及行业间工资收入差距的演变与成因。

6.2 城镇居民地区间收入差距

由于东部的地理位置及国家强动员能力，我国的引进技术最早发生在东部地区，以吸收外商直接投资为主要方式，以 1978 年出现在东莞的"三来一补"贸易方式为代表。随着技术、资本源源不断地涌入东南沿海地区，我国东部地区日益成为全国的经济龙头。与此同时，中部和西部发展却始终滞后，直至 2000 年的西部大开发战略、2004 年的振兴东北战略及 2006 年的中部崛起战略，西部等欠发达区域才开始在引进外资和技术方面获取了相应的政策支持。我国优先发展东部地区的经济战略，使区域间的经济分化和收入差距拉大成为必然。

6.2.1 基本理论分析

基于宏观经济理论的基本假设，本节主要从三个方面来分析我国城镇居民地区间居民收入差距拉大的必然性。

一是地区间经济总量差距会反映在居民收入差距上。由于我国存在显著的生产力不平衡结构，在改革开放初期，国家运用强控制力有选择性地推动某些地区（城市）优先发展，将资金、资源和技术向这些地区倾斜①。根据赫希曼的不平衡增长理论②，这些优先发展的地区会产生"回波效应"，即欠发达地区的资金、资源、熟练（技术性、高素质）劳动力③等要素会因地区间的收益差距而向发达地区转移。两方面原因的共同促进，会让发达地区积聚更为丰富的资金、资源、技术和熟练劳动力，推动发达地区劳动生产率水平的快速提升，促进发达地区经济总量的腾飞。相对应地，由于在市场自发调节的情况下，"扩散效应"④ 远远小于"回波效应"，欠发达地区不仅无法从发达地区获得资金、资源和熟练劳动力，相反，欠发达地区生产要素仍会不断地流向发达地区。同时，欠发达地区由于技术落后，无法提高（或只能缓慢提高）劳动生产率，经济增长缓慢。地区间技术进步的差距造成了经济总量上的差异，而经济总量与居民收入之间有着天然的正相关关系，因此，经济总量上的差距会反映在居民收入上。

二是劳动力流动导致地区间工资性收入差距。一方面，发达地区的经济增长会刺激发达地区对熟练劳动力的需求，根据劳动力供求关系，需求增加，必然要求提高劳动者报酬，以吸引更多熟练劳动力的流入；同时，由于欠发达地区技术落后，对熟练劳动力的需求也较少，劳动者报酬的提高十分有限，欠发达地区的熟练劳动力继续向外流入发达地区。在劳动力流动完全结束之前，发达地区和欠发达地区的熟练劳动力之间的工资报酬必然存在差距⑤。另

---

① 在引进技术地区的选择上，主要是处于经济基础和地域上的考虑，如宝钢建在工业基础最好的上海，而设立的四个经济特区深圳、珠海、汕头和厦门，则分别对应着港、澳、台地区。

② 不平衡增长理论认为发展中国家应该有选择地在某些部门进行投资，通过其外部经济使其他部门逐步得到发展。赫希曼认为，在市场经济自发调节之下，极化效应（回波效应）要远远大于扩散效应。

③ 新中国成立后，为了防备敌对势力的破坏，很多军工企业和国家重点企业都建设在较为边远偏僻的欠发达地区，这也是我国欠发达地区存在大量高素质劳动力的重要原因。

④ "扩散效应"是与"回波效应"相对的理论，发达地区的周边欠发达地区，可以在发达地区发展到一定程度后，从发达地区获得资本、人才等要素，从而有利于欠发达地区的经济发展。

⑤ 这种工资差距在现实中表现为发达地区对人才的重视程度要远高于欠发达地区。

一方面，由于熟练劳动力不断从欠发达地区流向发达地区，最终会导致欠发达地区熟练劳动力越来越少。一个极端的情况是，欠发达地区由于技术进步的停滞，只剩下低端行业，而这些行业可能仅仅需要非熟练劳动力就可以进行生产，即发达地区主要是熟练劳动力，而欠发达地区则基本为非熟练劳动力。在市场经济环境下，发达地区和欠发达地区劳动力的持续流动，必然会导致地区间劳动者报酬的差距越来越大。

三是地区间经济发展水平的差距间接地影响居民其他收入。发达地区和欠发达地区经济发展水平的差异，会引发地区间居民其他收入差距的拉大。

首先，发达地区的经营者可能获得更多的收益。一般而言，发达地区会提供给创业者更多的机会，会增加发达地区居民经营净收入；而欠发达地区的创业机会和创业环境远远不如发达地区。

其次，发达地区的居民可以获取更多的财产性收入。如在近些年房地产市场的持续高温下，发达地区房价的绝对增量远远高于欠发达地区，房租价格也一路攀升，由此而产生的财产性收入可能也是拉大与欠发达地区居民收入差距的一个原因。同时，财产性收入的获得与初始的财富水平相关，富裕家庭要比贫困家庭更容易获得财产性收入。经济发达地区由于收入较高、积累较多，因此，发达地区的居民可能要比欠发达地区居民获得更多的财产性收入。

最后，地区间的经济差距决定了财政收入的差异，而转移支付水平在很大程度上又往往取决于地方的财政状况。发达地区的财政状况一般都好于欠发达地区，因此，地区间财政收入的差距可能会导致地区间转移性收入的差距。

综合以上各因素，引进式技术进步会提高发达地区的劳动生产率，进而提高发达地区的经济水平，经济水平与居民收入之间显然存在正相关关系，这也会吸引更多的资金、资源、人才涌入，根据劳动力供求原则，熟练劳动力的劳动报酬会高于非熟练劳动力，进而产生工资收入的差距；而引进技术进步方式又会通过加剧地区间经济总量上的差异，影响经营净收入、财产性收入及转移性收入。

因此，如果仅依靠市场自发调节，只会导致地区间差距越来越大，因为市场只讲求效率，而公平则需要发挥政府的作用。

6.2.2　地区间人均产出差距的数理推导

鉴于前文的分析，地区间经济差异会体现在居民收入差距上，因此，采用柯布－道格拉斯生产函数对地区间人均产出差距进行数理推导。

我国存在显著的生产力不平衡结构，东部地区与其他地区的生产力差距很大，在模型中为了简化分析，仅分为两个地区，即发达地区和欠发达地区。Y_1 和 Y_2 分别表示发达地区和欠发达地区的总产出，L 和 K 分别表示劳动和资本投入量。则有：

$$Y_1 = AK^{\alpha_1}L_1^{1-\alpha_1}$$

$$Y_2 = f(A,\alpha_2)K^{\alpha_2}L_2^{1-\alpha_2}$$

假设 1：α_1 和 α_2 分别为两个地区各自的资本在总产出中所占的份额，反映了两个地区之间产业结构上的差异（如资本密集型产业与劳动密集型产业）。技术水平是外生于发展中国家经济的，不是发展中国家自身所能决定的。因此，技术为外生变量，即从国外引进技术。但由于国家强动员能力的作用，将发达地区作为首要的技术引进地。

假设 2：发达地区的劳动力素质高，多为技术人员，因此，更适合引进技术的现代行业，用 L_1 表示；欠发达地区的劳动力素质较低，为非技术人员，适应低端行业的需要，用 L_2 表示。

假设 3：发达地区向欠发达地区存在技术扩散。若 $f(A,\alpha_2)>0$，表明存在技术扩散（溢出）；若 $f'(A,\alpha_2)>0$，表明技术扩散有利于欠发达地区的技术进步；若 $\lim_{\alpha_2\to\alpha_1}f'(A,\alpha_2)=A$，表示欠发达地区只有产业结构调整（转型）到与发达地区一致，才能完全吸收发达地区的技术。

假设 4：两地的经济增长模式存在差异，由于发达地区是资本密集型，欠发达地区是劳动密集型，因此，发达地区的资本占比要高于欠发达地区的资本占比，即 $\alpha_1 > \alpha_2$。

因此，两地区的人均产出分别为：

$$y_1 = Ak^{\alpha_1}$$

$$y_2 = f(A,\alpha_2)k^{\alpha_2}$$

假设 D 为两地区人均产出的方差，用于衡量两地的人均产出差距。有：

$$D = \frac{1}{2}\left[\left(y_1 - \frac{y_1 + y_2}{2}\right)^2 + \left(y_2 - \frac{y_1 + y_2}{2}\right)^2\right]$$

$$= \frac{1}{2}\left[A^2 k^{2\alpha_1} - 2Af(A,\alpha_2)k^{\alpha_1+\alpha_2} + f^2(A,\alpha_2)k^{2\alpha_2}\right]$$

$$\frac{\partial D}{\partial A} = \left[Ak^{\alpha_1} - f(A,\alpha_2)k^{\alpha_2}\right]\left[k^{\alpha_1} - f'(A,\alpha_2)k^{\alpha_2}\right]$$

因为 $0 < f(A,\alpha_2) < 1$，所以 $\frac{\partial D}{\partial A} > 0$。

结论 1　外生的技术冲击会导致人均产出差距的拉大。

$$\frac{\partial^2 D}{\partial A^2} = \left[k^{\alpha_1} - f'(A,\alpha_2)k^{\alpha_2}\right]^2\left(-f''(A,\alpha_2)\right) > 0$$

如果 $f''(A,\alpha_2) > 0$，得到如下结论。

结论 2　欠发达地区技术吸收的速度越来越快，则外生技术冲击会导致人均产出差距增大的趋势减缓。

如果 $f''(A,\alpha_2) < 0$，得到如下结论。

结论 3　欠发达地区技术吸收的速度越来越慢，则外生技术冲击会导致人均产出差距增大的趋势扩大。

$$\frac{\partial D}{\partial \alpha_1} = \left[Ak^{\alpha_1} - f(A,\alpha_2)k^{\alpha_2}\right]Ak^{\alpha_1-1}\alpha_1 > 0$$

结论 4　发达地区资本在总产出中的份额越高（而欠发达地区资本占比不变），两地区的人均产出差距越大。

$$\frac{\partial D}{\partial \alpha_2} = \left[Ak^{\alpha_1} - f(A,\alpha_2)k^{\alpha_2}\right]\left[-\alpha_2 f(A,\alpha_2)k^{\alpha_2-1}\right] < 0$$

结论 5　欠发达地区资本在总产出中的份额越高（而发达地区资本占比不变），地区间的人均产出差距越能得到改变。

根据结论1、结论2、结论3，可以分析引进技术进步对发达地区和欠发达地区总产出差距的影响，并强调技术由发达地区向欠发达地区扩散对差距缩小的重要性；但如果不是扩散效应，而是回波效应的话，差距会继续拉大。在结论4和结论5中，指出资本变动对人均产出差距的影响，发达地区资本占比越高，则会拉大地区间的差距，而欠发达地区资本占比越高的话，则会有利于改善地区间的差距。实际上，我国的技术引进很多是隐含在大量资本投资之中的（赵志耘等，2007），资本投资的增加，在一定程度上也反映了技术水平的提高。

6.2.3 地区间工资收入差距的数理推导

本节继续采用柯布—道格拉斯生产函数，对地区间人均工资收入差距进行数理推导：

$$Y_1 = A_1 K_1{}^{\alpha} L_1^{1-\alpha}$$

$$Y_2 = A_2 K_2{}^{\alpha} L_2^{1-\alpha}$$

其中，Y_1和Y_2分别表示发达地区和欠发达地区的总产出；L和K分别表示劳动和资本投入量。技术水平外生于发展中国家经济，不是发展中国家自身所能决定的，因而为外生变量，如从国外引进技术。

假设1　两个地区各自的资本和劳动在总产出中所占的份额一致，分别为α和$1-\alpha$，即假设无论是高端行业还是低端行业，它们各自的资本和劳动力投入比例是一致的。

假设2　地区内的资本同质，但两个地区间的资本异质。发达地区使用能生产高端产品的资本（如技术含量高的大型机械），用K_1表示；而欠发达地区使用的是生产低端产品的资本（如生产食品的农业原材料），用K_2表示。

假设3　两个地区各自的劳动力市场被认为是完全竞争的，地区内的劳动力同质，但地区间异质。其中，发达地区的劳动力素质高，多为技术人员，因此，更适合引进技术的现代行业，用L_1表示；欠发达地区的劳动力素质较低，为非技术人员，适应低端行业的需要，用 L_2 表示。

在完全竞争市场中，根据消费者劳动供给的最优决策，发达地区的工资收入为：

$$w_1 = \frac{\partial Y_1}{\partial L_1} = (1 - \alpha)L_1^{-\alpha}A_1K_1^{\alpha} \tag{6.1}$$

同理可得欠发达地区的工资收入为：

$$w_2 = \frac{\partial Y_2}{\partial L_2} = (1 - \alpha)L_2^{-\alpha}A_2K_2^{\alpha} \tag{6.2}$$

将式（6.1）除以式（6.2）得到：

$$\frac{w_1}{w_2} = \frac{A_1}{A_2}\left(\frac{L_1}{L_2}\right)^{-\alpha}\left(\frac{K_1}{K_2}\right)^{\alpha} \tag{6.3}$$

依据式（6.3），对 $\frac{L_1}{L_2}$ 求偏导，则有：

$$\frac{\partial(w_1/w_2)}{\partial(L_1/L_2)} = -\alpha\left(\frac{L_1}{L_2}\right)^{-(1+\alpha)}\frac{A_1}{A_2}\left(\frac{K_1}{K_2}\right)^{\alpha} < 0 \tag{6.4}$$

根据式（6.4），得到如下结论。

结论1 发达地区技术人员的增加（增速快于欠发达地区非技术人员的增加），有利于缩小地区间的工资收入差距。

根据完全竞争市场的供求法则，劳动力数量的增多，会导致工资收入的下降；而在另一个市场中，劳动力数量不变（或者增加较少），不会引起工资收入下降（或者下降较少），这就会缩小地区间工人（技术工人和非技术工人）的工资差距。

现实中，高素质人才大量涌入发达地区，如果劳动力市场上出现供大于求的情况，显然不利于他们收入的提高。当然，是否供大于求，还是取决于发达地区技术进步的情况。如果引进了更多的技术（设备），必然需要更多的技术工人。

依据式（6.3），对 $\frac{A_1}{A_2}$ 求偏导，则有：

$$\frac{\partial(w_1/w_2)}{\partial(A_1/A_2)} = \left(\frac{L_1}{L_2}\right)^{-\alpha}\left(\frac{K_1}{K_2}\right)^{\alpha} > 0 \tag{6.5}$$

根据式（6.5），得到如下结论。

结论 2　发达地区和欠发达地区技术水平差异的扩大，会导致两地区工资收入差距的拉大。

依据式（6.3），对 $\dfrac{K_1}{K_2}$ 求偏导，则有：

$$\frac{\partial(w_1/w_2)}{\partial(K_1/K_2)} = \alpha\left(\frac{K_1}{K_2}\right)^{\alpha-1}\frac{A_1}{A_2}\left(\frac{L_1}{L_2}\right)^{-\alpha} > 0 \tag{6.6}$$

根据式（6.6），得到如下结论。

结论 3　发达地区生产高端产品的资本增加（增速快于欠发达地区生产低端产品的资本增加），会导致地区间的工资收入差距的拉大。

从以上的数理推导及其结论中可以发现，引进技术和资本投入的正向变动对于收入差距的拉大具有正相关关系。

6.2.4　我国城镇居民地区间收入差距的演变与成因

改革开放以来，我国城镇居民可支配收入的最高省份与最低省份之间的绝对收入差距呈现出持续拉大的态势，但地区之间人均可支配收入的比值则出现波动，其中，1995 年比值最大，为 2.6，最高收入省份为广东省（7438.7 元），最低收入省份为内蒙古自治区（2863.03 元），绝对收入差距为 4575.67 元；比值最小（1.59）的年份为 1981 年，其中最高收入省份为上海市（637 元），最低收入省份为山西省（400.6 元），绝对收入差距为 236.4 元。2010 年人均可支配收入最高的地区为上海（31838.08 元），而最低的地区为甘肃（13188.55 元），相比 2009 年，增幅均达到了 10% 左右，但由于上海的基数较大，收入的绝对值增加较多。表 6-1 列示了 1978 ~ 2013 年最高收入省份与最低收入省份的人均可支配收入及其比值。

表6-1　　1978~2013年最高收入省份与最低收入省份的人均可支配收入对比

年份	最低收入省份	人均可支配收入（元）	最高收入省份	人均可支配收入（元）	绝对差距值（元）	比值
1978	贵州	261.26	上海	560	298.74	2.14
1979	贵州	279.66	上海	578	298.34	2.07
1980	贵州	343.83	上海	637	293.17	1.85
1981	山西	400.6	上海	637	236.4	1.59
1982	河南	402.23	上海	659	256.77	1.64
1983	河南	422.06	广东	714.2	292.14	1.69
1984	河南	466.82	上海	834	367.18	1.79
1985	河南	560.95	上海	1075	514.05	1.92
1986	河南	667.55	上海	1293	625.45	1.94
1987	河南	744.25	上海	1437	692.75	1.93
1988	河南	862.12	上海	1723	860.88	2
1989	河南	1015.01	广东	2086.21	1071.2	2.06
1990	青海	1119.1	广东	2303.15	1184.05	2.06
1991	河南	1249.5	广东	2752.18	1502.68	2.2
1992	内蒙古	1494.92	广东	3476.7	1981.78	2.33
1993	内蒙古	1893.17	广东	4632.37	2739.2	2.45
1994	内蒙古	2498.29	广东	6367.02	3868.73	2.55
1995	内蒙古	2863.03	广东	7438.7	4575.67	2.6
1996	甘肃	3353.94	上海	8178.48	4824.54	2.44
1997	甘肃	3592.4	广东	8561.71	4969.31	2.38
1998	甘肃	4009.6	广东	8839.7	4830.1	2.2
1999	山西	4342.6	上海	10931.6	6589	2.52
2000	山西	4724.11	上海	11718.01	6993.9	2.48
2001	河南	5267.42	上海	12883.46	7616.04	2.45
2002	贵州	5944.08	上海	13249.8	7305.72	2.23
2003	宁夏	6530.48	上海	14867.49	8337.01	2.28
2004	宁夏	7217.87	上海	16682.82	9464.95	2.31
2005	新疆	7990.2	上海	18645	10654.8	2.33
2006	新疆	8871.27	上海	20667.91	11796.64	2.33
2007	甘肃	10012.34	上海	23622.73	13610.39	2.36

续表

年份	最低收入省份	人均可支配收入（元）	最高收入省份	人均可支配收入（元）	绝对差距值（元）	比值
2008	甘肃	10969.41	上海	26674.9	15705.49	2.43
2009	甘肃	11929.78	上海	28837.78	16908	2.42
2010	甘肃	13188.55	上海	31838.08	18649.53	2.41
2011	甘肃	14988.68	上海	36230.48	21241.80	2.42
2012	甘肃	17156.89	上海	40188.34	23031.45	2.34
2013	甘肃	18964.78	上海	43851.36	24886.58	2.31

注：1978～1995 年数据中不包括重庆，1978～1984 年的数据中有部分省份的数据缺失，本章在可获得的数据中对城镇居民人均可支配收入进行最高和最低省份的对比。

资料来源：历年《中国统计年鉴》。

1. 城镇居民地区间收入差距的演变

为了更好地描述收入差距的演变，本节将对我国城镇居民地区间收入泰尔指数进行测度，以此衡量城镇居民地区间收入差距，并观察其演变特征。

在此，按照《中国统计年鉴》中的分类，将全国划分为东部地区、中部地区、西部地区和东北部地区四大区域[①]。

分别考察这四个区域内部的差异和区域间的差异。定义第 i 区域内的泰尔指数为：

$$T_i = \sum_j \left[\frac{Y_{ij}}{Y_i} \right] \ln \frac{Y_{ij}/Y_i}{P_{ij}/P_i}$$

区域内总体泰尔指数等于各区域内泰尔指数的加权之和，则有：

$$T_{区域内} = \sum_i \left[\frac{Y_i}{Y} \right] T_i$$

定义区域间的差异为：

① 东部地区包括河北、天津、北京、山东、江苏、上海、浙江、福建、广东、海南；中部地区包括山西、安徽、江西、河北、湖南、河南；西部地区包括重庆、四川、贵州、云南、广西、西藏、陕西、甘肃、青海、宁夏、新疆、内蒙古；东北部地区包括黑龙江、吉林、辽宁。

$$T_{区域间} = \sum_i \left[\frac{Y_i}{Y}\right] \ln\left[\frac{Y_i/Y}{P_i/P}\right]$$

总体泰尔指数可以被分解为：

$$T = T_{区域内} + T_{区域间}$$

其中，p_{ij} 表示 i 区域 j 省的人口；P_i 表示第 i 区域的总人口；Y_{ij} 表示 i 区域 j 省的收入；Y_i 表示第 i 区域的城镇居民总收入。

从表6-2和图6-1中可以看出，区域内城镇居民收入差距拉大较为缓慢；区域间的城镇居民收入差距在改革开放初始阶段甚至是低于区域内差距的，但进入20世纪90年代后，区域间收入差距拉大的速度要快于区域内差距拉大的速度。

表6-2　　1978~2013年城镇居民地区间收入差距的泰尔指数测度值

年份	区域内 T	区域间 T	T	区域内贡献率	区域间贡献率
1978	0.0063	0.0032	0.0095	66.4814	33.5186
1981	0.0048	0.0037	0.0085	56.7155	43.2845
1982	0.0043	0.0042	0.0084	50.6215	49.3785
1983	0.0060	0.0038	0.0098	61.0078	38.9922
1984	0.0051	0.0056	0.0107	47.9425	52.0575
1985	0.0048	0.0071	0.0119	40.2353	59.7647
1986	0.0045	0.0062	0.0107	41.9931	58.0069
1987	0.0053	0.0062	0.0116	46.0168	53.9832
1988	0.0069	0.0080	0.0149	46.1001	53.8999
1989	0.0093	0.0080	0.0173	53.8355	46.1645
1990	0.0069	0.0093	0.0162	42.5926	57.4074
1991	0.0068	0.0027	0.0095	71.4526	28.5474
1992	0.0067	0.0065	0.0132	50.5006	49.4994
1993	0.0110	0.0111	0.0221	49.9343	50.0657
1994	0.0122	0.0129	0.0251	48.7382	51.2618
1995	0.0116	0.0126	0.0242	47.9508	52.0492
1996	0.0128	0.0220	0.0348	36.7390	63.2610
1997	0.0088	0.0133	0.0222	39.8113	60.1887

续表

年份	区域内 T	区域间 T	T	区域内贡献率	区域间贡献率
1998	0.0096	0.0146	0.0242	39.5038	60.4962
1999	0.0106	0.0172	0.0278	38.0426	61.9574
2000	0.0137	0.0232	0.0369	37.2046	62.7954
2001	0.0134	0.0186	0.0320	41.8750	58.1250
2002	0.0099	0.0177	0.0276	35.9259	64.0741
2003	0.0094	0.0171	0.0265	35.4717	64.5283
2004	0.0143	0.0160	0.0303	47.2496	52.7504
2005	0.0121	0.0221	0.0342	35.3245	64.6755
2006	0.0112	0.0218	0.0330	33.8491	66.1509
2007	0.0103	0.0182	0.0286	36.1178	63.8822
2008	0.0096	0.0170	0.0266	36.0820	63.9180
2009	0.0097	0.0177	0.0275	35.3972	64.6028
2010	0.0096	0.0212	0.0308	31.2865	68.7135
2011	0.0103	0.0207	0.0310	33.1633	66.8367
2012	0.0075	0.0197	0.0272	27.5633	72.4367
2013	0.0069	0.0196	0.0265	25.895	74.105

注：（1）由于统计数据的缺失，在某些年份中未能使用全部的省份数据来进行计算；（2）1979年和1980年数据缺失较多，因而没有报告这两个年份的泰尔指数。

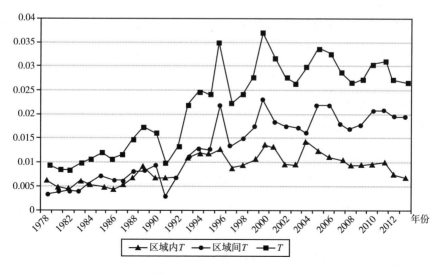

图6-1　城镇居民地区间收入差距的泰尔指数趋势

出现这种现象，一是由于四大经济区域的各区域内部差距较小，如东部地区，均是较为发达的省区，而中部、西部及东北部地区相对来说是欠发达省区，虽然东部和其他地区之间的差距较大，但各个区域内部的差距较小。但在改革初期，东部地区和其他地区无论是经济总量还是人均收入等方面的差距也都较小。二是我国在1992年以后引进技术和外资的速度加快，但这些资金和技术的流向主要是东部地区，因此，东部地区的劳动生产率和人力资本的优势要明显高于其他地区，东部地区的经济总量也逐步拉开了与欠发达地区的距离，这些都可能是造成区域之间差距拉大的重要原因。但各区域内部的发展仍比较相似，技术扩散可能也存在区域的限制，因此，各区域内部差距并不明显。

根据测度的泰尔指数，将城镇居民地区间收入差距的演变，按改革开放的四阶段来进行描述。

第一阶段（1978～1984年），城镇居民地区间收入差距变动很小，组内差距要大于组间的差距，也即表明区域内部差距比区域间的差距要大，区域内部差距对于总体差距的贡献率高。在这一阶段，东中西部的差异并不十分明显，区域内部的差距也较小，只是相对于区域间的差距而言，要更为显著。

第二阶段（1985～1991年），总体上略有上升，除去1991年总体泰尔指数低于0.01之外，其他年份均高于0.01，但总体上处于较低的水平。组内差距对于总体差距的贡献率下降，而组间差距的贡献率则有所上升。总体来说，这一阶段，差距有所拉大，但并不十分显著。

第三阶段（1992～2002年），城镇居民地区间收入差距显著拉大，且波动明显，但多在0.02以上，有3个年份突破了0.03，其中，2000年达到峰值0.037。组内差距占总体比重持续下降，同时，组间差距越来越重要。

第四阶段（2003～2012年），泰尔指数呈现出M状，由2003年的0.0265上升到2005年的0.0342，再下降到2008年的0.0266；2011年的高点后指数开始回落。这一阶段城镇居民地区间收入差距仍然较大。

第五阶段（2013年至今），泰尔指数相对平稳，城镇居民地区间收入差距逐步缩小。

2. 地区间收入差距演变的成因

我国改革开放是一个渐进的过程，是从沿海地区逐步向内地扩展的一个过程。1979 年，党中央和国务院决定在深圳、珠海、厦门、汕头试办经济特区；1984 年 4 月，进一步开放 14 个港口城市①；1985 年起，相继在长江三角洲、珠江三角洲、闽东南地区和环渤海地区开辟经济开放区；1988 年增辟了海南经济特区，海南成为中国面积最大的经济特区；1990 年，决定开发与开放上海浦东新区；1992 年，邓小平同志的"南方谈话"提出建立和发展社会主义市场经济，掀起了改革开放的新高潮。

改革开放中，最显著的特征就是提高了科学技术水平，极大地解放和发展了生产力。沿海地区作为改革开放的"先锋"，技术引进也始于这些城市。我国引进技术主要通过两种方式：一是从国外直接购买技术或技术设备；二是通过外商直接投资的形式来引进技术，即以市场换技术，或是以资源换技术。由于改革开放初期国家的外汇储备有限，往往是采取第二种方式，外商提供资金、生产设备、技术、原料、配件、图样等，而国内则提供优惠政策（税费的减免）、土地、劳动力和服务设施等，共同组建加工工厂或是组装工厂。虽然没有直接引进技术和设备，但是间接地引进了技术，加之可能存在的技术外溢，让这些沿海地区走在了技术引进的前列。可以看到，在改革的初期，国家强动员能力及计划手段，在技术引进方面占据着主导地位。

随着改革开放的不断深入，我国的外汇储备也日渐充裕②，技术引进的第一种方式也开始逐渐增多。由于沿海发达地区早期积累了良好的工业基础和完备的产业链，以及大量的技术性人才，从而降低了引进技术的使用成本；同时，无论是国家还是个人，在利润最大化的经济准则之下，都会更倾向于将资金、劳动力和技术投入能带来更大收益的发达地区，这实际上也是"回波效应"的

---

① 大连、秦皇岛、天津、烟台、青岛、连云港、南通、上海、宁波、温州、福州、广州、湛江、北海。

② 改革开放初期，外汇储备极少，1978 年仅有 1.67 亿美元，到了 1980 年竟为 –12.96 亿美元。我国外汇储备的增长自 20 世纪 90 年代中后期进入加速期，从 1996 年首度超过 1000 亿美元，到 2006 突破万亿美元大关，仅用了 11 年的时间，而到 2010 年近 3 万亿美元的外汇储备，更只是用了 5 年的时间。

作用。因此，改革开放深入阶段的技术引进仍然多发生在发达地区。

技术优势很容易转变为经济增长的优势，发达地区无论是 GDP 总量、人均 GDP 还是财政收入都远远高于欠发达地区。而职工的工资、福利显然是与人均国民生产总值呈正相关关系；发达地区的高财政收入也会给发达地区的居民带来更高的转移支付水平，使原本用于调节收入差距的转移支付变成了扩大地区间收入差距的一个重要原因。因此，发达地区的工资、福利、转移支付水平要远高于欠发达地区，收入差距逐步拉大。

鉴于地区间经济差距日益拉大，我国自 2000 年以来实施的西部大开发、中部崛起及振兴东北等一系列战略性措施，对于强化技术的扩散效应显然是有积极作用的。其中，西部大开发最早，10 年来已取得了较大的成绩，居民生活水平得到了显著的提高，人均可支配收入已接近中部和东北部两个区域。这三个欠发达区域人均可支配收入的提高，显然有利于区域间收入差距的缩小。通过考察中部、西部、东北部与东部地区城镇居民人均可支配收入的比值，发现"三大战略"的实施在一定程度上缩小了地区间的收入差距（见表 6 - 3），这与前文泰尔指数的变动相一致。即在 2005 年后的"十一五"期间，我国东部地区和其他地区的收入差距有所缩小，但由于发达地区的经济基数大，这种差距的缩小是有限的。而中、西及东北部地区之间的城镇居民收入则开始趋同，各区域之间的差距较小，具体比值如表 6 - 4 所示。因此，"三大战略"的实施应是 2005 年以来地区间收入差距缩小的一个重要原因。

表 6 - 3   "三大战略"实施与城镇居民收入演变

战略	年份	省份	城镇居民收入演变
西部大开发	2001	重庆、四川等西部十二省	2013 年人均可支配收入达 21878.09 元，比 2001 年的 6171.79 元增长了 2.54 倍。其中内蒙古增长最快，为 3.70 倍。最低的为西藏，增长了 1.59 倍
中部崛起	2006	山西、河南、安徽、湖北、湖南、江西	2013 年人均可支配收入达 22654.63 元，比 2006 年的 9911.24 增长了 1.29 倍。其中安徽增长最快，为 1.33 倍。最低的为河南，为 1.22 倍。但中部发展较为均衡，各省增加均在 1.2 - 1.3 倍左右

战略	年份	省份	城镇居民收入演变
振兴东北	2004	辽宁、吉林、黑龙江	2013 年人均可支配收入达 22958.81 元，相比 2004 年的 7772.96 元增长了 1.95 倍。其中辽宁增长最快，为 2.33 倍，吉林增长了 1.72 倍，黑龙江增长了 1.79 倍

表 6-4　　　　　中部、西部、东北部与东部地区城镇居民人均
可支配收入的比值

年份	中部/东部	西部/东部	东北部/东部
2005	0.6659	0.6560	0.6553
2006	0.6655	0.6409	0.6564
2007	0.6875	0.6594	0.6670
2008	0.6863	0.6627	0.6727
2009	0.6834	0.6631	0.6733
2010	0.6830	0.6605	0.6722
2011	0.6939	0.6877	0.6931
2012	0.6987	0.6954	0.7008
2013	0.7002	0.6994	0.7044

资料来源：《中国统计年鉴》。

6.3　行业间工资收入差距

由于生产力不平衡结构，即便同属于高端行业，在引进技术方面也会出现有快有慢的情况。对于具有比较优势的行业以及关系到国计民生、符合国家经济发展战略的行业，国家会考虑优先发展，而主要的技术引进也多发生在这些行业。由于国家的强控制力，这些行业中的优质企业通常都会被纳入国有企业的序列，享有政策上的优惠；而其他一些行业，不仅没有国家资本的支撑，也缺少政策上的支持，在引进技术上困难重重。行业间技术差距的拉大直接影响了行业间的产出差距，进而引发了行业间的收入分配失衡。这主要表现为垄断行业的高收入，它们或利用国内资源定价的控制权，或利用

市场的垄断优势地位，攫取了大量的高额利润，不仅企业获利丰厚，职工也获得了比其他行业职工高出数倍的工资待遇。

6.3.1 基本理论分析

在宏观经济理论基本假设下，本节主要从三个方面分析行业间工资收入差距拉大的必然性。

一是由于我国各行业劳动生产率水平差异较大，而引进的多为高端技术，且相对稀缺，因此，这些引进的技术存在行业选择。在经济发展初期，在国家强动员能力的推动下，资金、资源和技术向某些国家重点发展的高端行业（新兴技术行业，具有经济效益高、回报率高的特点）倾斜，推动了这些行业的优先发展，获得了更高的利润回报。而这些行业又会产生回波效应，从低端行业中吸纳更多的资金、资源、技术和优质劳动力，进一步推动高端行业的迅速发展，积聚更为丰富的要素；相对而言，低端行业面临的则是要素的不断流失，生产力水平停滞，甚至是倒退。同时，行业间技术差距拉大，会引起各行业间的产出差距，进而影响工资收入，拉大工资差距，最终导致高端行业与低端行业之间的工资收入差距拉大。

二是我国的引进式技术进步存在明显的技能偏向的特征（宋冬林等，2010），主要表现在高端行业要求更多的技术性员工以适应新技术和新设备，根据基本的劳动力供求关系，技术性员工的工资和收入会迅速提高，而非技术性员工的工资和收入增速则会相对较低。这也符合西方的技能偏向型技术进步理论（Krugman，1994；Pritchett，1996；Acemoglu，2003；Neary，2002；Thoenig and Verdier，2003），而这种方式的技术进步会导致技术工人和非技术工人工资差距的拉大。

三是引进技术会使某些企业产生技术垄断。美国战略管理专家波特给技术垄断做了一个定义，即以技术优势作为抑制同业竞争的武器和阻止潜在竞争者进入行业的障碍。我国在引进技术的同时，为了保护某些特定行业的企业及其经济利益而实施的排斥、限制或妨碍其他行业参与竞争，形成了一定的技术垄断。当然，多数垄断并不仅仅是依靠技术来实现，更多是在国家强动员能力下形成的技术和其他垄断（行政垄断、资源垄断和自然垄断）的结合，如电力、石油和天然气开采业、金融业等。国家垄断的初衷可能是保护关系国计民生的行业、促进行业发展和技术创新[①]，但这些行业的垄断租金却有很大一部分变成了职工的个人收入，其职工的平均工资是其他行业的数倍之多，再加上职工福利待遇上的差别，实际收入的差距则会更大。

6.3.2 行业间工资收入差距的数理推导

根据地区间工资差距的推导，可以用高端行业和低端行业来代替发达地区和欠发达地区，以进行行业间工资差距的推导。由于推导方式相似，在此不再赘述。主要结论为：（1）高端行业技术人员的增加（增速快于低端行业非技术人员的增加），有利于缩小行业间的工资收入差距；（2）高端行业和低端行业技术水平差异的扩大，会导致行业间工资收入差距的拉大；（3）高端行业资本投入增加（增速快于欠发达地区生产低端产品的资本增加），会导致行业间工资收入差距的拉大。

在此，将从"引进技术进步方式会导致国内高端企业增多"这一前提出发，构建数理模型，推导高端企业增多如何拉大技术工人和非技术工人之间的工资差距。

假设 1 将整体行业分为两个部分：一个是代表先进生产力的高端行业；而另一个则是代表相对落后生产力的低端行业。引进式技术进步会增加高端企业，进而推动整个高端行业的规模增大。

假设 2 低端行业由 m 个同质的低端企业（相同的生产规模和生产效率）构成，而高端行业由 n 个同质的高端企业构成。高端企业的生产效率要高于低端企业。

假设 3 无论是高端企业还是低端企业，均需要技术工人和非技术工人作为劳动力，其单位产品所需的劳动力一致。技术工人以工资来调节供求，而

---

① 技术垄断作为当代企业竞争的一个有力武器，可以保证企业在市场中占据有利地位，给企业带来巨大的经济效益，这也会刺激垄断企业不断地进行技术创新。

非技术工人储备充裕，可以相对地无限供给。

假定低端企业 i 需要雇佣的 l_{di} 个技术工人和 $c_{di}l_{di}$ 个非技术工人，高端企业 j 需要雇佣 l_{tj} 个技术工人和 $c_{tj}l_{tj}$ 个非技术工人，则两类企业的非技术工人的雇佣数与技术工人数的比例分别为 c_{di} 与 c_{tj}，但由于高端企业的生产效率比较高，一般而言，雇佣非技术工人的比例要比低端企业要小，因而有 $c_{di} > c_{tj}$。假设 q_{di} 和 q_{tj} 分别为低端企业和高端企业的总产量，而低端企业生产单位产品需要 $1/a_{di}$ 个技术工人，而高端企业则需要 $1/a_{tj}$ 个技术工人，则有：

$$q_{di} = a_{di}l_{di}, i = 1,2,3,\cdots, m \tag{6.7}$$

$$q_{tj} = a_{tj}l_{tj}, j = 1,2,3,\cdots, n \tag{6.8}$$

因此，总产量 Q 为：

$$Q = \sum_{i=1}^{m} q_{di} + \sum_{j=1}^{n} q_{tj}$$

设产品价格为 $P(Q)$，劳动力市场为完全竞争，技术工人的工资为 w_t，而非技术工人的工资为 w_d，则低端企业利润为：

$$\pi_{di} = P(Q)q_{di} - w_t l_{di} - w_d c_{di} l_{di} \tag{6.9}$$

根据利润最大化原则，对 q_{di} 求偏导。因为有：

$$\frac{\partial P(Q)}{\partial q_{di}} = \frac{\partial P}{\partial Q} \frac{\partial Q}{\partial q_{di}} = \frac{\partial P}{\partial Q}$$

$$\frac{\partial \pi_{di}}{\partial q_{di}} = P + \frac{\partial P}{\partial Q}q_{di} - \left(\frac{w_t + w_d c_{di}}{a_{di}} \right) = 0$$

$$q_{di} = \frac{-Pa_{di} + (w_t + w_d c_{di})}{(\partial P/\partial Q)a_{di}}$$

所以，可以得出低端企业的最佳技术工人雇佣量为：

$$l_{di} = \frac{w_t - Pa_{di} + c_{di}w_d}{(\partial P/\partial Q)a_{di}^2} \tag{6.10}$$

高端企业的利润为：

$$\pi_{tj} = P(Q)q_{tj} - w_t l_{tj} - w_d c_{tj} l_{tj} \tag{6.11}$$

同理，根据利润最大化原则，对 q_{tj} 求偏导，可得技术企业的最佳技术工人雇佣量：

$$l_{tj} = \frac{w_t - Pa_{tj} + c_{tj}w_d}{(\partial P/\partial Q)a_{tj}^2} \qquad (6.12)$$

假定技术工人供求关系满足以下方程：

$$\sum_{i=1}^{m} l_{di} + \sum_{j=1}^{n} l_{tj} = L_t \qquad (6.13)$$

由假设 2，每一类型企业内部的生产规模和效率都一致，式（6.13）变为：

$$ml_d + nl_t = L_t \qquad (6.14)$$

将式（6.10）和式（6.12）代入式（6.14）中，得到：

$$m\frac{w_t - Pa_d + c_dw_d}{(\partial P/\partial Q)a_d^2} + n\frac{w_t - Pa_t + c_tw_d}{(\partial P/\partial Q)a_t^2} = L_t \qquad (6.15)$$

为了简化分析，假定高端行业存在向低端行业的技术扩散效应，在极端情况下，会出现生产单位产品所需技术工人数相同的情况，则有 $a_d = a_t = a$。代入式（6.15）可求得：

$$(m + n)w_t + (mc_d + nc_t)w_d - (m + n)Pa = L_ta^2(\partial P/\partial Q)$$

先求出：

$$w_t = Pa + \frac{L_ta^2(\partial P/\partial Q)}{m + n} - \frac{mc_d + nc_t}{m + n}w_d \qquad (6.16)$$

根据式（6.16）对 n 求偏导，可得：

$$\frac{\partial w_t}{\partial n} = -\frac{L_ta^2(\partial P/\partial Q)}{(m + n)^2} - \frac{m(c_t - c_d)w_d}{(m + n)^2} \qquad (6.17)$$

先看式（6.17）的右边第一项 $-\dfrac{L_ta^2(\partial P/\partial Q)}{(m + n)^2}$，其中，$\partial P/\partial Q < 0$，因此，第一项大于零。再看式（6.17）的右边第二项，当 $c_t < c_d$，则有

$-\dfrac{m(ct-cd)w_d}{(m+n)^2}>0$，因此，第二项也是大于零。则有 $\dfrac{\partial w_t}{\partial n}>0$，可知随着 n 的增加 w_t 也会增长，即随着高端企业数量的增加（由更多的引进技术引致），技术工人的工资收入也会增长。根据假设3，技术工人供求以工资来调节，非技术工人近似于无限供给，因此，虽然有工资刚性的支撑，但非技术工人的工资的增速将是十分缓慢甚至是停滞的，与技术工人的工资差距会逐渐拉大。

6.3.3 我国城镇居民行业间工资收入差距的演变与成因

我国各行业有着较为鲜明的特点，行业间收入存在较大的差异。根据《中国统计年鉴》中的相关资料，表6-5列出了2003~2010年的各行业（19大行业）职工平均工资收入。2003年平均工资最高的行业是信息传输、计算机服务和软件业（30897元），而最低行业为农林牧渔业（6884元），绝对差距为24013元，比值为4.5倍。2010年平均工资最高的行业金融业（70146元）是最低的农林牧渔业（16717元）的4.2倍，而在2003年金融业的平均工资（20780元）是农林牧渔业（6884元）的3倍。在这8年里，增速最快的是金融业，增长了2.38倍，增速最慢的是在2003年，平均工资最高的行业信息传输、计算机服务和软件业，仅为1.09倍。从2003~2010年来看，我国行业间收入差距呈现出了逐步拉大的态势，其中传统的劳动密集型行业的职工工资显著低于高技术新兴行业，而竞争性行业的职工工资明显低于垄断性行业。

表6-5　　　　　　2003~2010年各行业职工平均工资收入　　　　　单位：元

年　份	2003	2004	2005	2006	2007	2008	2009	2010
合计	13969	15920	18200	20856	24721	28898	32244	36539
农、林、牧、渔业	6884	7497	8207	9269	10847	12560	14356	16717
采矿业	13627	16774	20449	24125	28185	34233	38038	44196
制造业	12671	14251	15934	18225	21144	24404	26810	30916
电力、燃气	18574	21543	24750	28424	33470	38515	41869	47309
建筑业	11328	12578	14112	16164	18482	21223	24161	27529

续表

年 份	2003	2004	2005	2006	2007	2008	2009	2010
交通运输、仓储和邮政业	15753	18071	20911	24111	27903	32041	35315	40466
信息传输、计算机服务和软件业	30897	33449	38799	43435	47700	54906	58154	64436
批发和零售业	10894	13012	15256	17796	21074	25818	29139	33635
住宿和餐饮业	11198	12618	13876	15236	17046	19321	20860	23382
金融业	20780	24299	29229	35495	44011	53897	60398	70146
房地产业	17085	18467	20253	22238	26085	30118	32242	35870
租赁和商业服务业	17020	18723	21233	24510	27807	32915	35494	39566
科学研究、技术服务和地质勘探业	20442	23351	27155	31644	38432	45512	50143	56376
水利、环境和公共设施管理业	11774	12884	14322	15630	18383	21103	23159	25544
居民服务和其他服务业	12665	13680	15747	18030	20370	22858	25172	28206
教育业	14189	16085	18259	20918	25908	29831	34543	38968
卫生、社会保障和社会福利业	16185	18386	20808	23590	27892	32185	35662	40232
文化、体育和娱乐业	17098	20522	22670	25847	30430	34158	37755	41428
公共管理和社会组织	15355	17372	20234	22546	27731	32296	35326	38242

1. 城镇居民行业间工资收入差距的演变

为了分析城镇居民行业间工资收入差距的演变，先测度城镇居民行业间
工资收入的泰尔指数。根据《中国统计年鉴》中的资料，我国职工人数及工
资等数据的统计口径在 1998 年后进行了调整。目前的在岗职工工资总额及在
岗职工人数的计算公式如下：

在岗职工工资总额 ＝ 计时工资 ＋ 计件工资 ＋ 奖金 ＋ 津贴和补贴

＋ 加班加点工资 ＋ 特殊情况下支付的工资

＋ 个人应缴纳的养老、医疗、住房等个人账户的基金

年度在岗职工平均人数 ＝ 报告年内各月平均人数之和/12

或 ＝ 报告年内季平均人数之和/4

由于《中国统计年鉴》中的行业分类进行了多次调整，在此将根据不同时期各行业的职工人数和工资的数据，分阶段计算行业间工资泰尔指数。其中，1979 年、1981 年、1982 年、1983 年、1984 年五个年份的数据缺失。本章 1979 年的数据采取的是将 1978 年和 1980 年的就业和工资数据进行平均而得；1981～1984 年四个年度的数据估测方法则是根据 1980 年与 1985 年两个年度的工资收入数据及就业人口数据，推算年均增长率，进而估算出每个年度的工资收入数据和人口数据。

使用公式 $T = \sum_i \left[\frac{Y_i}{Y}\right] \ln\left[\frac{Y_i/Y}{P_i/P}\right]$，对行业间工资的泰尔指数进行测度，结果如表 6-6 和图 6-2 所示。

表 6-6　　　　**1978～2010 年城镇行业间职工工资的泰尔指数**

年份	行业间 T	年份	行业间 T
1978	0.006580	1995	0.011860
1979	0.005502	1996	0.017020
1980	0.004788	1997	0.017468
1981	0.004860	1998	0.014286
1982	0.005484	1999	0.016358
1983	0.006655	2000	0.017218
1984	0.008370	2001	0.019939
1985	0.005502	2002	0.021650
1986	0.005699	2003	0.025551
1987	0.006546	2004	0.026221
1988	0.008033	2005	0.029416
1989	0.006899	2006	0.030932
1990	0.007283	2007	0.033043
1991	0.007972	2008	0.034483
1992	0.008601	2009	0.034924
1993	0.008100	2010	0.034358
1994	0.014365		

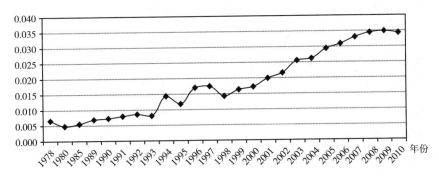

图 6 - 2　城镇行业间职工工资泰尔指数的演变

与地区间收入差距的走势不同，行业间工资收入差距呈现出了一路攀升的态势。在改革的第一阶段和第二阶段（1978～1992 年），行业间工资差距增速比较缓慢；进入第三阶段之后，行业间工资差距出现了明显持续拉大的特征，但在 1996 年前后这个趋势有所波动，而 1998 年后又开始了快速的攀升，并在 2009 年达到最高点。

2. 城镇居民行业间工资收入差距演变的成因

行业间收入差距的拉大，与我国历次国有企业改革息息相关。

在改革开放的第一阶段和第二阶段（1978～1991 年），我国的国有企业开始了政企分开、所有权和经营权分开的改革。职工工资收入差距主要是因为国家对国有企业的放权让利，让国有企业焕发了青春和活力，而企业在决定职工的工资及福利上获得较大的自主权。这一时期职工收入差距的变动与技术引进及资本投入关系较小，主要是制度方面的原因。真正意义上的社会主义按劳分配在企业中得到了较好的体现。在这段时期，企业的总体经济效益与职工个人按劳分配上的差别是城镇行业职工工资差距缓慢拉大的主要原因。

改革开放的第三阶段（1992～2002 年），1992 年的"南方谈话"推动了改革开放的新高潮，引进外资和技术的速度明显加快，由于行业间引进外资和技术的不一致性，引发了高端行业与低端行业间劳动生产率差距的进一步拉大，也导致了技术性工人向高端行业的集中，这些劳动生产率和人力资本的差异是形成行业收入差距的重要原因。1997 年是我国"国退民进"式国企改革的分水岭，1997 年之前的改革进程较慢，而 1997 年以后则掀起了国企改革的高潮。随之而来的是大量企业职工的下岗和失业，而一些高端行业开始出现，如电子信息、通信等行业的快速发展，使我国城镇居民收入差距迅速而持续地拉大。

改革开放的第四阶段（2003 ~ 2012 年），形成了一个值得关注的问题，即行业垄断对行业间收入差距拉大的影响。技术壁垒使某些行业产生技术垄断，我国的引进技术进步方式就会导致某些高端产业产生这样的技术垄断；有些垄断行业是国家出于某些特定目的而通过强控制力形成的垄断性行业，如行政垄断、资源垄断和自然垄断。如前文所说，我国的垄断行业主要是技术垄断和其他垄断的结合。垄断行业的丰厚回报已经形成了一个特殊的利益集团，甚至已经成为一个世袭的利益群体（李义平，2010）①。垄断租金的很大一部分变成了垄断行业职工的个人收入，这也是近些年垄断行业和竞争行业的职工工资收入的差距日益拉大的一个重要原因。

改革开放的第五阶段（2013 年以来），在党的十八届三中全会提出"公有制经济和非公有制经济都是社会主义市场经济的重要组成部分，都是我国经济社会发展的重要基础"后，党的十九大报告又再度重申"毫不动摇巩固和发展公有制经济，毫不动摇鼓励、支持、引导非公有制经济发展"。新时代党和国家对民营经济的高度重视，有利于减少行业垄断对行业间收入差距拉大的影响。

6.4　本　章　小　结

本章在中国宏观经济理论的基本假设框架下，对城镇居民收入的地区间差异和行业间工资差距进行了基本的理论分析。利用柯布－道格拉斯生产函数，对城镇居民地区间人均产出差距和工资收入差距进行了数理推导，并给

---

① 李义平. 垄断行业收入分配改革的理论廓清［N］. 经济参考报，2010－8－18（7）。

出相关结论。由于行业间工资差距的推导和地区间的类似，因此，省略了该推导过程，而是直接给出相关结论。此外，通过间接的方法，对引进技术进步方式与行业间工资收入差距的关系进行了推演。在对相关数据进行分析的基础上，测度了我国城镇居民地区间收入及行业间工资的泰尔指数，其演变特征基本佐证了本章的理论分析和相关结论。因此，可以认为我国城镇居民收入差距变动的主要原因是生产力不平衡结构下引进式技术进步的"结构性"经济增长方式，而国家强动员能力在保障这种经济增长方式的同时进一步加剧了城镇居民收入差距。

第7章
引进式技术进步、资本投入与
城镇居民收入差距的实证检验

我国自 1978 年改革开放特别是 20 世纪 90 年代以来，城镇居民收入差距呈现出一个持续拉大的态势。从前文的分析中可以发现，在中国宏观经济的基本特征假设下，居民收入差距的拉大有其必然性，而引进技术进步和资本投入变动都应是影响城镇居民收入差距的重要原因。但我国的实际情况是否符合前文的理论分析呢？引进式技术进步及资本投入的变动与城镇居民收入差距之间究竟呈现何种关系？对城镇居民地区间收入差距和行业间工资差距的影响又是什么样的？这些问题还需要通过实证分析来检验。

7.1 本章实证的主要构成与数据说明

第一部分是检验引进技术和资本投入变动对城镇居民收入基尼系数变动的影响。

第二部分是检验引进技术和资本投入变动对城镇居民地区间收入泰尔指数变动的影响。在这两个部分的实证中，我们使用的均为存量数据。主要是因为城镇居民收入包括工资性收入、转移性收入、经营净收入和财产性收入，其中工资性收入和转移性收入可以视为是流量指标，但经营净收入和财产性收入一般来说和个人的财富存量有较为密切的关系，所以不能将收入差距仅仅视为是一个流量指标，因此，前两部分的实证都将采用存量指标。根据第 3 章、第 5 章和第 6 章的相关测度结果，可采用引进技术依存度（存量指标）来表示我国技术引进情况，符号为 S；以城镇固定资本投资的增长率①（存量指标）表示资本投入情况，符号为 I；城镇居民收入差距用第 5 章测度的城镇居民收入基尼系数表示，符号为 G；城镇居民地区间收入差距用第 6 章测度的城镇居民地区间收入泰尔指数表示，符号为 T。

第三部分是实证，主要是考察技术和资本对行业间工资差距的影响，而工资差距是一个流量指标，因此，在这一部分的数据将统一使用流量指标。根据第 3 章和第 6 章的相关测度结果，将城镇固定资产投资增长率（流量）②记为 I1，表示资本投入变动；对外技术依存度（流量）记为 S1，表示引进技术情况；城镇行业间工资收入泰尔指数记为 T1，表示行业间工资差距。

数据样本区间均为 1985～2009 年，具体实证方法选择 *VAR* 模型及状态空间模型。

7.2 引进技术、 资本投入与城镇居民收入
差距的实证分析

我们通过构建向量自回归模型（vector autoregressive model）来作为本节实证研究的基础模型，考察技术依存度和资本投入对城镇居民收入差距的影响。*VAR* 是当今世界上较为常用的计量模型，该模型的一个重要特点是不以严格的经济理论为依据。

参考西姆斯、斯托克和沃森（Sims、Stock and Watson，1990）③ 及盖里

---

① 城镇固定资产投资是指一定时期内城镇区域范围内各种登记注册类型的企业、事业、行政单位、个体户等进行的计划总投资 50 万元及以上的固定资产投资活动，具体数据参见附表 7－1。

② 相关数据参见表 7－7。

③ Christopher A. Sims，James H. Stock and Mark W. Watson. Inference in Linear Time Series Models with some Unit Roots，Econometrica，1990，vol. 58 （1）：113－144.

（Gali，2004）①的做法，用水平 VAR 建模即可。先确定模型的滞后阶数，一方面，滞后阶数不能太小，否则难以全面反映变量间的互动关系；另一方面，滞后阶数也不能太大，否则将导致自由度大量减少。我们在最大滞后阶数为 5 的情况下，依据多个准则分别进行检验。

根据表 7 – 1 中显示的滞后阶数的验证结果，可将模型确定为 $VAR(2)$ 模型。在 EViews 6.0 中，经过相关操作后，输出结果如表 7 – 2、表 7 – 3 和表 7 – 4 所示。

表 7 – 1　　　　　　　　　VAR 模型滞后阶数的确定

Lag	LogL	LR	FPE	AIC	SC	HQ
0	98.52932	NA	4.95e – 08	– 8.306897	– 8.158789	– 8.269648
1	176.9518	129.5677*	1.20e – 10	– 14.34364	– 13.75121*	– 14.19464
2	188.9644	16.71316	9.67e – 11*	– 14.60560*	– 13.56885	– 14.34486*

表 7 – 2　　　　　　　　　VAR 模型参数估计结果

	G	S	I
G（–1）	0.434312	– 0.090578	0.114474
	(0.24430)	(0.49488)	(0.46842)
	[1.77779]	[– 0.18303]	[0.24438]
G（–2）	0.474080	– 0.106788	– 0.174898
	(0.23508)	(0.47621)	(0.45075)
	[2.01666]	[– 0.22425]	[– 0.38801]
S（–1）	0.033019	1.216126	0.164606
	(0.11715)	(0.23732)	(0.22463)
	[0.28184]	[5.12439]	[0.73277]
S（–2）	0.069421	– 0.219129	– 0.448735
	(0.13934)	(0.28225)	(0.26716)
	[0.49823]	[– 0.77635]	[– 1.67962]

---

① Jordi Gali. On The Role of Technology Shocks As A Source of Business Cycles: Some New Evidence, Journal of the European Economic Association, 2004, vol. 2 (2 – 3): 372 – 380.

续表

	G	S	I
I（-1）	0.074565	0.137422	0.917125
	(0.11414)	(0.23122)	(0.21886)
	[0.65326]	[0.59433]	[4.19046]
I（-2）	-0.151486	-0.152470	-0.383489
	(0.08906)	(0.18041)	(0.17077)
	[-1.70093]	[-0.84512]	[-2.24569]
C	-0.006692	0.046956	0.285656
	(0.04296)	(0.08703)	(0.08238)
	[-0.15577]	[0.53952]	[3.46752]

表 7-3   VAR 模型各方程检验结果

R-squared	0.971726	0.899065	0.848945
Adj. R-squared	0.961123	0.861214	0.792299
Sum sq. resids	0.002625	0.010772	0.009651
S. E. equation	0.012809	0.025947	0.024560
F-statistic	91.64817	23.75297	14.98694
Log likelihood	71.76307	55.52690	56.79056
Akaike AIC	-5.631571	-4.219730	-4.329614
Schwarz SC	-5.285986	-3.874145	-3.984028
Mean dependent	0.242609	0.566522	0.233046
S. D. dependent	0.064963	0.069649	0.053890

表 7-4   VAR 模型整体检验结果

Determinant resid covariance（dof adj.）	4.36E-11
Determinant resid covariance	1.47E-11
Log likelihood	188.9644
Akaike information criterion	-14.60560
Schwarz criterion	-13.56885

在此，可将表 7 - 2 中的 $VAR(2)$ 模型改写成矩阵形式：

$$\begin{bmatrix} G_t \\ S_t \\ I_t \end{bmatrix} = \begin{bmatrix} 0.434312 & 0.033019 & 0.074565 \\ -0.090578 & 1.216126 & 0.137422 \\ 0.114474 & 0.164606 & 0.917125 \end{bmatrix} \begin{bmatrix} G_{t-1} \\ S_{t-1} \\ I_{t-1} \end{bmatrix}$$

$$+ \begin{bmatrix} 0.474080 & 0.069421 & -0.151486 \\ -0.106788 & -0.219129 & -0.152470 \\ -0.174898 & -0.448735 & -0.383489 \end{bmatrix} \begin{bmatrix} G_{t-2} \\ S_{t-2} \\ I_{t-2} \end{bmatrix} + \begin{bmatrix} -0.006692 \\ 0.046956 \\ 0.285656 \end{bmatrix}$$

从输出的结果来看，方程的整体拟合优度及调整后的拟合优度都很高，表明对现实的模拟程度较高。图 7 - 1 是固定资产投资增长率 （I） 及对外技术依存度 （S） 与城镇居民收入差距 （G） 之间的广义脉冲响应函数。从图 7 - 1 中可以发现，受到一单位固定资产投资增长率 （I） 标准差信息的冲击，会给城镇居民收入差距 （G） 带来正向反应；而对外技术依存度 （S） 对城镇居民收入差距 （G） 的冲击效应，在第一期为负，但从第二期开始，变为正向冲击，并呈现持续上升的态势。

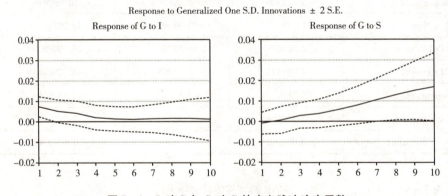

Response to Generalized One S.D. Innovations ± 2 S.E.

图 7 - 1　I 对 G 与 S 对 G 的广义脉冲响应函数

再运用西姆斯 （Sims，1980） 的方差分解法，分析每一个结构冲击对模型变量变化的贡献度。通过 Eviews 6.0 得出 VAR 模型的方差分解图。图 7 - 2 显示，固定资产投资增长率 （I） 对城镇居民收入差距 （G） 的贡献率较低，而对外技术进步依存度 （S） 对城镇居民收入差距 （G） 的影响较为显著，其贡献率从第一期的接近于 0，增大到第 10 期的 70%。

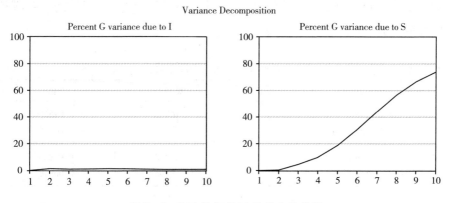

图 7-2　I 对 G 与 S 对 G 的方差分解

对模型进行 Granger 因果检验。一般来说，传统水平 *VAR* 模型要求变量具备平稳性。但刘凤良和鲁旭（2011）认为变量的非平稳性及变量间协整性前提极大地限制了传统方法的应用，完全可以通过一种"非传统"的检验模式，在不考虑变量的单整性和协整性的情况下进行变量之间的因果关系检验，即托达和山本（1995）提出了基于滞后期扩展 *VAR* 模型的因果关系检验。经检验，输出如表 7-5 所示的结果。

表 7-5　　　　　　　　　　**Granger 因果关系（滞后 2 阶）**

检验假设（1985~2009 年）	观察值	F 统计量	P 值
I 不是 G 的 Granger 原因	23	3.08242	0.0706
G 不是 I 的 Granger 原因		0.06738	0.5615
G 不是 S 的 Granger 原因	23	2.05451	0.1571
S 不是 G 的 Granger 原因		1.38501	0.2757

从输出的结果可以发现，城镇固定资产投资增长率（I）是城镇居民基尼系数（G）的 Granger 原因；但对外技术依存度（S）和城镇居民基尼系数（G）之间没有 Granger 因果关系。考虑到我国的改革开放在 1992 年小平同志"南方谈话"后才进入了一个突飞猛进的阶段，就技术引进资金来看，1992年才首次突破千亿元人民币大关，而在这之前，对外技术依存度可能与城镇居民收入差距之间的联系并不显著。据此，我们将序列调整为 1992~2009年，重新检验变量间的 Granger 因果关系，如表 7-6 所示。实证结论与猜想

较为一致，即城镇固定资产投资增长率（I）和对外技术依存度（S）与城镇居民基尼系数（G）之间互为 Granger 原因。

表 7 - 6   **Granger 因果关系（滞后 2 阶）**

检验假设（1992 ~ 2009 年）	观察值	F 统计量	P 值
I 不是 G 的 Granger 原因 G 不是 I 的 Granger 原因	16	5. 16062 7. 46378	0. 02625 0. 00895
G 不是 S 的 Granger 原因 S 不是 G 的 Granger 原因	16	4. 04052 1. 38501	0. 04834 0. 06910

7.3 引进技术、资本投入与城镇居民地区间收入差距的实证分析

本节将构建时变参数模型来考察城镇固定资产投资增长率（I）和对外技术依存度（S）对城镇居民地区收入泰尔指数（T）变动的影响。

状态空间模型是一种利用 Kalman 滤波来进行参数估计的动态分析工具。它由两部分组成：一是"测量方程"（measurement equation）或称为"信号方程"（signal equation），用于描述观测变量和不可观测的状态变量之间关系的方程；二是"状态方程"（state equation）或称为"转移方程"（transition equation），用于描述状态变量动态行为的方程，一般设为状态变量的一阶差分方程。

先设定状态空间模型的测量方程和状态方程。

测量方程为：

$$T = \alpha_0 + \alpha_{1t}S + \alpha_{2t}I + \mu_t$$

测量方程中的两个时变参数 α_{1t} 和 α_{2t} 是不可观测变量，必须利用可观测变量 T, S 和 I 来估计。假定两个时变参数均遵循 AR（1）过程[①]，可将状态方

---

① 一般来说，假定 α_1 服从 AR（1）形式，但是也有可能呈现随机游走或者带有漂移项的随机游走形式，因此，具体的模型设计要根据协整检验结果做出筛选，以便选出最合理的时变参数模型。

程设定为：

$$\alpha_{1t} = \alpha_{1t-1} + \varepsilon_t$$

$$\alpha_{2t} = \alpha_{2t-1} + \delta_t$$

$$(\mu_t, \varepsilon_t, \delta_t)' \sim N\left(\begin{pmatrix} 0 \\ 0 \\ 0 \end{pmatrix}, \begin{pmatrix} \sigma^2 & o \\ o & Q_{2\times 2} \end{pmatrix}\right)$$

如果 α_1 和 α_2 是恒定的，则可以使用普通最小二乘法、工具变量法等常用计量经济方法。但由于潜在结构性，可能导致时变参数模型中传统的估计方法有偏且非一致，因此，不能使用这些方法。汉密尔顿（Hamilton，1994）曾提供了一套时变参数模型的处理方法[1]，即基于 Kalman 滤波或 Hamilton 滤波的近似滤波算法构造出模型的对数似然函数，并借此实现模型参数的最大似然估计。

高铁梅（2009）认为状态空间模型的描述应该通过文本方式。据此，本书以文本方式定义了模型的语言，即：

@ signal t = c(1) + sc1 * s + sc2 * i + [ename = e1]

@ state sc1 = sc1(-1) + [ename = e2]

@ state sc2 = sc2(-1) + [ename = e3]

@ evar var(e1) = exp(c(3))

@ evar var(e2) = exp(c(4))

@ evar var(e3) = exp(c(5))

运用 EViews6.0 得到状态空间模型中两个时变参数的时序估计结果，见图 7-3。在左图中，时变参数 α_{1t} 的变动呈现出一个波动起伏的状态，但均为正，说明引进技术进步依存度的变化对城镇居民地区间收入差距的影响为正。1985~1990 年呈上升态势，1990 年达到第一个峰值；此后虽有波动，但变化不大；1997~1998 年出现明显的下降趋势，我们认为是由于亚洲金融危机的影响，使出口受阻，而以引进技术为主的生产企业（生产的产品有很大一部

---

① James D. Hamilton. Time Series Analysis [M]. Princeton：Princeton University Press，1994.

分用于出口）出现生产收缩、降薪等现象，对于城镇居民地区间收入差距的影响减弱。随着危机褪去，2001 年我国成功加入 WTO，α_{1t} 开始回升，2002年再达峰值。2005 年以后，对外技术依存度的变动对城镇居民地区间收入差距的影响开始减弱，主要原因可能是西部大开发、中部崛起及振兴东北等战略推动了技术由发达地区向欠发达地区的扩散，如产业的转移（皖江城市带承接产业转移示范区）；而 2005 年以后，我国的技术引进的速度明显放缓，这显然不利于发达地区的技术进步，特别是 2008 年的全球金融危机，更加阻碍了我国的技术引进。发达地区的技术进步速度放缓，及欠发达地区的技术吸收加快，有利于缩小地区间的技术鸿沟。因此，对外技术依存度的变动对地区间城镇居民收入差距的影响减弱。

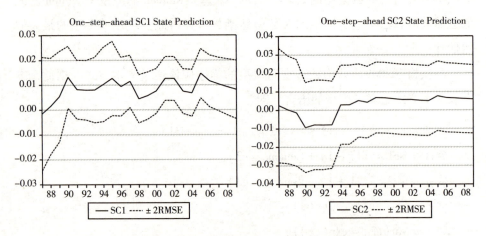

图 7 - 3　状态空间模型中时变参数 α_{1t} 和 α_{2t} 的结果估计时序图

注：在正负两倍标准差的置信区间内（两界表示），中间的曲线为参数的时变特征。

右图中，时变参数 α_{2t} 在初期 1985～1990 年出现下降，并为负数。这说明，城镇固定资产投资的增加会缩小城镇居民地区间收入差距。但进入改革开放的第三阶段（1992～2002 年）后，城镇固定资产投资增速对于收入差距的影响由负转正，也说明投资增长对城镇居民地区间收入差距存在拉大作用。1994 年以后，城镇固定资产投资的增速变动对地区间城镇居民收入差距的拉大作用较为平稳，不像 α_{1t} 波动那么剧烈。主要有两个原因：一是技术在不同的年度的引进量并不规则，有快有慢，年份之间差异较大，而固定资产投资增速要相对稳定；二是与欠发达地区的投资增速较快有关，由于我国地方政府之间的"GDP 竞标赛"已成为官员晋升的一个重要考察指标，如何在竞赛中胜出，或者是不落后，强化了地方政府的投资冲动，这也解释了发达地区和欠发达地区均存在较高投资率的原因。当然，西部大开发、中部崛起及振兴东北等发展战略，也形成了大量的投资（城镇固定资产投资）。由于各地的投资热，地区间城镇固定资产投资的增速变动不明显，对于地区间收入差距的影响维持了一个稳态。但总体而言，城镇固定资产投资的增速对地区间收入差距的影响相比对外技术依存度的影响要小。

7.4 引进技术、 资本投入与行业间工资收入差距的实证分析

本节继续通过构建时变参数模型，来考察城镇固定资产投资增长率（流量）（I1）和对外技术依存度（流量）（S1）对城镇行业间工资收入泰尔指数（T1）变动的影响。

构建与第 7.3 节中实证类似的状态空间模型。

测量方程为：

$$T1 = \beta_0 + \beta_{1t}S1 + \beta_{2t}I1 + \mu_t$$

状态方程为：

$$\beta_{1t} = \beta_{1t-1} + \theta_t$$

$$\beta_{2t} = \beta_{2t-1} + \rho_t$$

$$(\mu_t, \theta_t, \rho_t)' \sim N\left(\begin{pmatrix} 0 \\ 0 \\ 0 \end{pmatrix}, \begin{pmatrix} \sigma^2 & o \\ o & Q_{2\times2} \end{pmatrix}\right)$$

以文本方式定义模型语言，即：

@ signal t1 = c(1) + sc1 * s1 + sc2 * i1 + [ename = e1]

@ state sc1 = sc1(−1) + [ename = e2]

@ state sc2 = sc2(−1) + [ename = e3]

@ evar var(e1) = exp(c(3))

@ evar var(e2) = exp(c(4))

@ evar var(e3) = exp(c(5))

运用 EViews6.0，得到状态空间模型中两个时变参数的时序估计结果，如图 7 −4 所示。

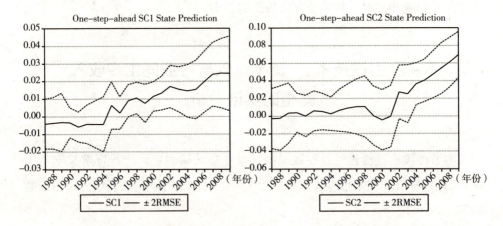

图 7 −4 状态空间模型中时变参数 β_{1t} 和 β_{2t} 的结果估计时序图

在图 7 −4 左图中，对外技术依存度的时变参数 β_{1t} 在波动中上升，对外技术依存度（S1）的变动与城镇居民行业间工资收入差距（T1）呈现由负转正的关系。

1978 ~ 1994 年对外技术依存度的时变参数 β_{1t} 为负的原因主要有两点。一是我国在改革开放初期的引进技术层次较低，如广东采取的"三来一补"的引资方式。主要发展的是比较低端的制造业。而这些行业的技术含量不是很高，仍然需要大量的非熟练劳动力。劳动力由于供求的原因，非熟练劳动力的工资会上升。如我国许多农民工去珠三角地区、长三角地区打工，虽然其工资收入在发达地区比较低，但较之他们在欠发达地区从事的农、林、牧、渔业的工资收入，还是要高出很多，而这实际上也是缩小了行业间的工资差距。二是由于我国的对外技术依存度不能完全涵盖我国的引进技术程度，因为有很多技术蕴含在资本之中，特别是改革开放早期，我国实行以市场换技术的方式，主要是通过引进外资的方式来实现，而这一部分一般不会反映在引进技术费用上，也就是说，我国的技术引进费用实际上并不能完全代表我国引进技术（广义）的总量，造成了引进技术总量的低估，这也是我国对外技术依存度对城镇行业间收入差距影响的时变参数在 1994 年之前为负的一个重要原因。

1994 以年后，对外技术依存度的时变参数呈现出持续上升的趋势，表明引进技术对于行业间工资收入差距的影响越来越大。一方面是因为技术的引进已逐步由低端向高端转变，而对于熟练技术工人的需求增加，提高了他们的工资收入，而非熟练工人的工资收入提高较为缓慢，拉大了两者之间的工资差距；另一方面是由引进技术而形成的行业垄断可能是近年来行业间收入差距持续拉大的重要影响因素。国内各界对于行业间不平等现象的一个比较一致的观点就是垄断问题，如宋晓梧（2009）认为行业间收入差距有 1/3 可以用垄断来进行解释。而邵秉仁（2010）关于我国"七个垄断行业的职工人数仅占全国职工人数的 8%，而工资和福利收入却占全国总额的 50% 以上"的论断则更是暴露了垄断行业的高工资是行业间收入差距的重要影响因素。陈钊、万广华和陆铭（2010）通过详细计算也得出，行业间收入差距的拉大已成为城镇居民收入差距拉大的重要原因，而行业间收入差距拉大则主要归因于垄断行业收入的飞增。当然，这里的垄断可能并不仅仅是技术垄断，还包括行政垄断、资源垄断和自然垄断，但绝大多数的垄断应该是技术垄断和其他垄断形式的结合，以技术壁垒、政策干预而形成的双重垄断。

图 7-4 右图中，时变参数 β_{2t} 总体呈现持续上升态势，表明城镇固定资产投资的增速（I1）对城镇行业间工资收入差距（T1）的影响越来越大。需要说明的是，1998~2000 年 β_{2t} 出现了下降，城镇固定资产投资的增长对于工资差距的作用是缩减的。这可能是由于 1997 年的亚洲金融危机后出口形势严峻，居民消费也由于企业效益不佳、大量职工下降而变得萎靡不振。经济只能由投资（基础设施建设）来拉动，这三年城镇固定资产投资总额达 72245.2 亿元人民币，而其中投向基础设施建设的份额占了大多数，这为大量的非熟练劳动力提供了就业机会，有利于缩小行业间的工资差距。2000 年以

后，时变参数 β_{2t} 呈现较快的上升势头，城镇固定资产投资的增长对于行业间工资差距拉大的正向作用越来越大。2000 年以后，我国的房地产业爆发式增长，作为与房地产业密切相关的城镇建筑安装工程［包括房地产开发企业、单位进行的房屋（商品房）开发建设工程、土地开发工程］的投资额迅速攀升，城镇建筑安装工程投资额占城镇固定资产投资额始终保持在 60% 以上。房地产业带来的"造富"效应，可能是 2000 年以后城镇固定资产投资增长对行业间工资差距呈现出愈发显著的正向效应的重要原因。

7.5 本章小结

本章根据具体的研究需要，通过不同的计量方法（VAR 和状态空间模型）进行了三个实证检验。实证一分析了引进式技术进步和资本投入变动对城镇居民收入差距的影响，基本的结论是引进技术和资本投入变动会导致我国城镇居民收入差距拉大，但引进技术的作用更大。实证二分析了引进技术和资本投入变动对城镇居民地区间收入差距的影响，基本的结论是引进技术对于地区间收入差距的影响存在波动，但均为正相关关系，即会拉大收入差距，而资本投入对其影响比较稳定，但在其初期，时变参数为负，两者呈现负相关关系，即会缩小收入差距。实证三分析了引进技术和资本投入对行业间工资差距的影响，基本结论是这两个要素对行业间工资差距的拉大作用越来越显著。

附表 7 – 1　　　　　　　城镇固定资产投资额及其增速

年份	城镇固定资产投资额（亿元）	城镇固定资产投资额增速	城镇固定资产投资额（存量）（亿元）	城镇固定资产投资额（存量）增速
1981	711.1	NA	711.1	NA
1982	900.5	0.266347912	1611.6	1.266347912
1983	1014.4	0.126485286	2626	0.629436585
1984	1279	0.260843849	3905	0.487052551
1985	1865.5	0.458561376	5770.5	0.477720871
1986	2300.4	0.233127848	8070.9	0.398648297
1987	2730.6	0.187010955	10801.5	0.338326581
1988	3431.9	0.256830001	14233.4	0.31772439
1989	3134	– 0.086803229	17367.4	0.220186322
1990	3274.4	0.044798979	20641.8	0.188537144
1991	4057.9	0.239280479	24699.7	0.196586538
1992	6079.7	0.498238005	30779.4	0.24614469
1993	10303.4	0.694721779	41082.8	0.334749865
1994	13534.3	0.313576101	54617.0	0.329439571
1995	15643.7	0.155855863	70260.8	0.286424947
1996	17567.2	0.122956845	87828	0.250028465
1997	19194.2	0.092615784	107022.2	0.218543061
1998	22491.4	0.171781059	129513.6	0.210156397
1999	23732	0.055158861	153245.6	0.183239444
2000	26221.8	0.104913197	179467.4	0.171109644
2001	30001.2	0.144131982	209468.6	0.167167965
2002	35488.8	0.182912683	244957.4	0.169423007
2003	45811.7	0.290877685	290769.1	0.187019049
2004	59028.2	0.28849617	349797.3	0.203007128
2005	75095.1	0.272190241	424892.4	0.21468176
2006	93368.7	0.243339446	518261.1	0.219746694
2007	117464.5	0.258071495	635725.6	0.2266512
2008	148738.3	0.266240439	784463.9	0.233966195
2009	193920.4	0.303769103	978384.3	0.247201178
2010	241430.9	0.245000010	1219815.2	0.246764896

第 8 章
基本结论和政策建议

8.1　基　本　结　论

我国宏观经济的基本特征是以生产力不平衡结构下的引进式技术进步为核心、以国家强动员能力为保障的"结构性"经济增长方式。然而这种经济增长方式使我国在全球收入分配中处于劣势地位，即大量的收入被国外技术或资本占有方获得，而国内要素所得偏低，国内外各要素收入间的关系是：国内（技术引进方）劳动要素收入 < 国内资本要素收入 < 发达国家（技术输出方）劳动、资本要素收入。从国内收入分配来看，出现了劳动收入被资本收入挤占，居民收入差距日益拉大的现象。

本书在宏观经济理论假设体系下，分析了我国城镇居民地区间收入差距、行业间工资差距的演变及成因，发现引进式技术进步、资本投入、劳动力流动及垄断等都是引致城镇居民收入差距拉大的原因。通过实证方法，检验了引进技术进步与资本投入变动对城镇居民收入差距的影响，发现技术由发达地区向欠发达地区的扩散、欠发达地区资本投入的增加等举措，是缩小地区间收入差距的重要手段。因而西部大开发、中部崛起和振兴东北"三大战略"的实施，有利于地区间收入差距的拉近。同时，我们发现，引进技术和城镇固定资产投资增加对城镇居民地区间收入差距主要产生正向影响，即拉大收入差距，但总体的拉大效用不如对城镇行业间工资差距的拉大效应显著。

因此，转变技术进步方式、加速国内技术扩散及缓解行业垄断等，都将对缩小城镇居民收入差距产生深远的影响。

8.2 政 策 建 议

8.2.1 技术进步方式的转变——自主创新与有选择的技术引进

我国引进式技术进步下的"结构性"经济增长模式，使我国在全球收入分配中处于劣势，在国内收入分配中则出现了劳动收入被低估、居民收入差距拉大的态势。我国城镇居民的收入呈现出收入差距大、总体居民收入占GDP 比重低的现状。因此，直接在各地区间进行居民收入再分配并不可行，以此来缩小城镇居民收入差距也不现实，必须要从初次收入分配入手。就我国目前的宏观经济特征而言，初次收入分配格局的形成，主要是由于引进技术进步方式决定的，而缩小城镇居民收入差距的根本出路是转变我国一直以来的引进技术进步方式，加强自主创新，改变我国在全球收入分配中的不利地位，扩大国内劳动要素收入。因此，亟待加强自主创新，以此来逐步实现对引进技术进步方式的逐步替代。

实际上，引进式技术进步空间已日趋狭窄，我国的"世界工厂"地位也表明了这一事实。引进式技术进步在过去30 年多里极大地推动了我国经济的增长，提高了人民生活水平。但我国也为这种技术进步方式支付了极高的代价，这不仅可能会让我国陷入比较优势陷阱，经济上受制于发达国家，而且其导致的收入分配失衡已成为我国经济稳定增长的最大隐忧。更为遗憾的是，由于种种原因，即便我国在引进技术上付出如此之高的代价，却仍未能获取发达国家前沿技术及技术创新机制。朱平芳、李磊（2006）的研究就发现，1998～2003 年上海市三资企业的技术先进性不明显，R&D 投入强度不足，各种所有制类型的企业普遍重技术引进轻消化吸收。引进式技术进步已越来越不适应我国经济发展的步伐，甚至有碍经济的稳定增长，技术进步方式的重新选择日渐重要。创新是一个民族的希望，也是一国经济摆脱对外技术依赖，增强国际竞争力的根本所在，我国必须要以自主创新为技术进步方式的第一选择。我国改革开放以来积淀了较高技术基础，培养了大量的创新人才，为自主创新搭建了一个有利的平台，而高速铁路从追赶者到领跑者的转变，正表明自主技术创新的可能性。当然，自主技术创新不仅难度很大，而且有着极高的创新失败的风险，但在当前引进式技术进步出现"瓶颈"之际，我们必须选择自主技术创新之路，将那些国内已具备研发能力的技术或高能耗、高污染的技术拒之于国门之外，在自主技术创新的基础上有选择地引进国际先进技术。

能否形成一定规模、持续的自主技术创新趋势是未来中国能否持续发展的最关键问题。只有实现了自主技术创新，生产力发展才能由"强制演进"转变为"自然进化"，生产力不平衡结构才有可能向平衡结构演进；只有"技术立国"的自主创新才能改变我国在全球收入分配中的不利地位，在此基础上，着眼于地区间的再分配（比如中央财政向中西部地区倾斜，东部支持中西部发展等），才能真正解决我国的收入分配问题。

8.2.2　促进地区间产业有序转移并实现技术扩散

在前文的分析中，发现技术由发达地区向欠发达地区的扩散，有利于收入差距的缩小，而这种扩散的最有效方式即是产业转移。在我国，产业转移缩小城镇居民收入差距的主要机制是：由于目前产业转移往往发生在劳动密集型产业，承接产业转移的地区将增加劳动力需求，从而提高劳动要素的收入水平；相反，转出产业的地区将减少劳动力需求，劳动力价格下降，因此，产业转移能够缩小居民工资差距。此外，在引进式技术进步条件下，产业转移意味着技术从发达地区向不发达地区扩散，有利于提高不发达地区的技术水平，促进经济增长，进而加快不发达地区居民收入增长。

产业转移的形式主要有两种。

1. 产业自发转移

当发达地区劳动、土地等要素成本高于不发达地区且达到一定临界值时，产业资本基于逐利本性从发达地区向不发达地区转移。在这种情况下，为了能够较成功地实现产业转移，一般要求在产业转出地区的附近有较大的经济腹地①。产业向经济腹地转移的有利之处在于，转移的空间距离较短，运输成本较低，信息对称程度较高，可以减轻转移风险、降低转移成本。不仅如此，这也有利于分步实施产业转移，比如先把生产基地向外转移，转移成功后视情况转移研发、营销等部门。为了尽快实现产业自发转移，首先要在经济腹地建好各项基础设施，营造有利于吸引产业转移的硬件条件；其次要提高信息透明度（如经济增速、劳动力工资、土地价格等），以有利于企业做出科学的产业转移决策；最后要增强经济腹地与发达地区的资源交换，形成优势互补、良性互动的良好发展局面，为产业转移铺平道路。

2. 政府有目的地引导产业转移

在我国地区发展不平衡、区域间存在一定程度要素流动壁垒的情况下，政府引导产业转移显得尤为重要。政府在做好产业转移可行性研究和产业转移规划的基础上，可以从以下四个方面引导产业有序转移。

（1）改善生产要素条件，打造有利于产业转移的软硬件环境。软件方面，从财政、税收、融资三方面支持企业转移，创造良好的资本运营环境；加大人力资本培养方面的投入，提供良好的人才基础。硬件方面，主要是完善基础设施建设。

（2）拓展市场需求，使产业转移企业能够顺利地站稳脚跟。政府可以通过实施刺激消费的政策（如"家电下乡"等），并制定政府采购计划，帮助企业通过品牌推广等一系列措施来扩大转移企业的市场需求。

（3）支持转移产业的上下游产业的发展。转移产业要长久地生存与发展，

---

① 改革开放初期珠三角地区成为承接香港地区劳动力密集型产业转移的腹地，这不仅为珠三角地区的经济起飞提供了许多必要的基础条件，而且推动了香港地区的产业转型。美国底特律城市的衰落则提供了一个因缺乏腹地而使城市中的一部分产业转移不出来的一个反面例子。

离不开上下游产业的支持。政府在制定产业政策时，不能"头痛医头、脚痛医脚"，要有全局观念，着力打造完整的相互依存又相互博弈的上下游产业链，形成良好的发展格局。

（4）为企业战略拓展与有序竞争创造良好的公共服务环境。健全相关法律法规，维护公平竞争，反对垄断行为，保护企业品牌和知识产权；简化相关审批程序，结合本地具体情况制定转移产业相关优惠政策，打造高效的服务型政府；支持行业协会和商会等自治或中介服务机构的发展，建立良好的信息共享和交流平台。

8.2.3 引导劳动力在地区间合理流动

经济发达地区，因其完善的公共基础建设和良好的人才引进体系，对人才的吸引力强，同时，自身的高等院校和科研机构也较多，培养人才的能力也较强。以北京为例，不仅有近百所高等院校（有多所"985"工程和"211"工程院校），还有更为丰富的科研机构，人才培养能力强。相比之下，不发达地区对人才的吸引力不足，自身人才培养能力也不够，经常出现人才培养出来却留不住的情况。目前的现实仍然是大量的人才向发达地区的集中，尽管有"逃离北上广"的现象出现，却并未成为主流。每年最为显著的仍是各地的毕业生涌向发达地区，过度教育的现象在发达地区尤为严重，很多情况下，人力资本的价值并未能够得到很好的体现。

虽然引导高素质人才向欠发达地区回流，既可以缩小不发达地区高端人才与一般人才之间的工资差距，又可以缩小发达地区与不发达地区整体的工资差距，但要引导高端人才由东部沿海地区向中西部地区流动，增加中西部地区高端人才的供给并非易事。伴随着产业转移，可能会实现一部分高端劳动力的转移；但欠发达地区的基础设施建设及人才引进机制的完善，对于吸引高端人才流入可能更为重要。

此外，发达地区产业结构升级还需要较长的一段时间，对一般劳动力的需求依然旺盛，而由于长期以来的户籍限制，不仅出现了相同劳动在不同地区间工资差距较大的现象，还出现了在发达地区内部，相同劳动在本地工人和外地工人之间的报酬差异现象。因此，今后要进一步放宽劳动力跨区域流动的限制，让常驻外来务工人员享受与本地居民同等的待遇，如相同的社会保障、福利待遇、同工同酬等，实现劳动力真正的合理流动，缩小不合理的工资差距。

8.2.4　缓解行业垄断

行业收入差距的拉大，存在合理部分和不合理部分。随着引进式技术进步，人力资本价值开始显现，高端劳动力和低端劳动力之间的工资差距是合理部分。而行业间不合理的收入差距主要是由于垄断造成的，为了缩小这种收入差距，需要加强垄断行业改革，并在一些行业引入竞争机制[①]。前文的分析表明，行业垄断产生的垄断利润有一部分会转化成职工收入，加大了行业间居民收入差距，这不仅影响社会的公平正义，也不利于市场经济竞争效率的提高。在此，将着重分析资源性垄断、行政性垄断和自然垄断，而前文所说的技术垄断的问题，往往是与这三种垄断相结合的。如石油行业的垄断往往与先进的采掘和加工类技术设备相联系，电信行业的垄断也离不开数据传输技术的支持。

我国作为公有制国家，自然资源为国家所有。为了规范资源垄断行业的收入，一是要充分衡量不可再生资源的价值，合理计算和确定资源税计税方式和税率，同时加强资源税的征管，杜绝偷税漏税，调节资源级差收入，促进行业间公平竞争，然后利用资源税进行收入再分配，进一步促进社会公平；二是要加大对企业超额利润的征收，国家再将这部分超额利润以各种形式补贴给低端行业或分配给低收入群体。

行政性垄断可以被概括地定义为政府及其所属部门运用行政权限制市场

---

①　目前关于民营企业"玻璃门"和"弹簧门"的讨论，表达了民营企业要求进入垄断性行业的呼声。国家正在制定相关政策，考虑允许让民营企业进入一些垄断性行业。但应该进入哪些行业、如何进入还需要慎重的考虑。民营企业的参与能否改变不合理的垄断局面呢？民营企业是否会成为另一个垄断者？一个不容忽视的问题是，如果引进技术被民营企业控制的话，会比国有企业形成的行业垄断所导致收入差距更为严重。一个简单的理由是国家可以通过征税和收缴利润的方式，将国有企业的垄断利润进行再分配；而民营企业一旦形成垄断，国家很难以相同的方法实现垄断利润的再分配。

竞争而造成的垄断状态或垄断行为。当然，关系国计民生的重要行业和关键领域设置行政壁垒是有必要的，目前我国需要改革的是一些没有必要设置行政壁垒或有必要逐步减少壁垒的领域，如某些基础设施、公用事业、社会事业、金融服务等。应当放宽某些行业的准入条件，允许和鼓励民营企业有序进入一些行政性垄断行业。

自然垄断一般被认为是市场天然形成的垄断，不应引入竞争机制，但必须要建立健全法律法规来规制这类垄断行业，使其进入良性的运转与发展状态，促进其健康的可持续发展。一是要明确各主体的职责与权力，遇到问题不越权、不扯皮，依法履行相应的管理职责；二是要通过监管部门和全社会来对自然垄断行业加强监督。

此外，进一步完善住房、医疗、养老、教育等相关改革，推动保障性住房建设、扩大社保覆盖面及推进教育公平化将有效减弱城镇中低收入阶层的预防性储蓄动机，在实质上增加他们的可支配收入。因此，各项改革的完善也将有助于缩小城镇居民的收入差距。

只有真正解决我国的收入分配问题，才能彻底改变我国居民消费不振的现状，以结构合理的内需取代外需，从而转变经济增长方式，实现经济结构的成功转型。

附录

九省份内部的城镇居民收入变动情况

在各省区内部，也存在居民收入差距问题。一是由于省区内部技术工人和非技术工人并存的情况，它们之间的收入会存在差距；二是由于省市内部也存在高端行业和低端行业，行业间的工资收入差距会影响总体的收入分布。我们将通过国内省份的微观数据对省市内部的城镇居民收入分布情况进行考察。

在此，整理了1989年、1991年、1993年、1997年、2000年、2004年、2006年、2009年八个年份，贵州、广西、辽宁、黑龙江、江苏、山东、湖南、湖北、河南九个省份的城镇居民收入的微观调查数据，并使用EViews 6.0对每组数据进行了核密度非参估计，以各省区历年的收入分布图来揭示省区内部城镇居民收入变动情况。

1. 贵州（图附录-1）

在贵州省的城镇居民收入分布图中，只有2004年出现了较为明显的"双峰"，但之间的距离较接近，差距不是很大；而1989年、1991年和1997年也表现出了一定程度的收入差距问题。从图中可以看出贵州省城镇居民总体的收入水平较低。

2. 广西壮族自治区（图附录-2）

广西壮族自治区2004年的城镇居民收入分布出现了较为明显的"双峰"，收入差距较大。综合贵州省2004年出现的收入分布情况，可以发现，西部大开发在一定程度上拉大了西部省份内部的收入差距。

3. 辽宁（图附录 – 3）

在辽宁省的城镇居民收入分布核密度估计图中，2004 年、2006 年和 2009 年表现出了明显的收入差距，处于收入高阶层的收入不断右移，而收入集中阶层的收入则没有十分显著的变化。作为振兴东北战略的主要实施地，辽宁城镇居民收入差距的拉大，可能与这一战略措施密切相关。

4. 黑龙江（图附录 – 4）

黑龙江省 1989 年、1991 年和 1993 年的数据缺失，仅统计出其 1997 ~ 2009 年的城镇居民收入分布情况。黑龙江在 1997 年和 2000 年形成了部分的高收入人群，但比例不大。其他年份的城镇居民收入较为集中。

5. 河南（图附录 – 5）

根据微观调查数据的显示，河南省的城镇居民收入分布不平等的现象较为明显。在 1991 年的图中，可以发现，收入集中在三个区域，而最高区域和最低区域的距离较远，说明收入差距较大。1997 年出现了明显的"双峰"分布，但城镇居民收入在低收入区域集中，差距不是很大。2009 年，收入分布再现显著"双峰"，城镇居民总体收入水平提升的前提下，收入差距也进一步拉大。

6. 湖南（图附录 – 6）

湖南省的城镇居民收入分布也呈现出不平等的总体趋势，1991 年的收入集中分布在 3 个阶层，最高阶层在 3000 元左右，而最低阶层则在 500 元左右，差距较大。1993 年、1997 年、2004 年和 2006 年也出现了明显的收入差距问题，虽然 2009 年中的较高收入阶层不是很明显，但还是可以看出其与收入集中阶层的收入差距。

7. 湖北（图附录 – 7）

湖北省城镇居民的收入分布较为均等，基本上均为"单峰"分布，收入水平不高但比较均衡，除了 1993 年和 2004 年出现了微小的收入差距，其他年份未出现明显的收入差距。

从中部三个省份的收入分布来看，收入差距在其他两个省份较为显著，而湖北省表现的不明显。湖北作为中部地区的龙头，其经济发展在中部地区处于领先的地位，其在中部崛起战略中，虽然出现了一定的收入差距拉大的现象，但没有其他两省的收入差距问题严重。

8. 江苏（图附录 –8）

江苏省城镇居民的总体收入差距较小，1993 年、2000 年和 2004 年的收入分布图出现了不是十分显著的收入差距，而 2006 年和 2009 年则出现了收入日趋集中于"单峰"的情形，总体来说，城镇居民的收入分布较为均衡，不平等程度较低。

9. 山东（图附录 –9）

山东省的收入分布也呈现较为均等的态势，多集中于一个收入阶层，这也表明山东城镇居民的总体收入差距较小。

由于 CHNS 调研数据是通过问卷调查后整理而得。在调查的过程中，可能会出现高收入阶层不愿参加调查以及虚报、谎报收入的情况；在整理时，也可能会出现一些偏误。因此，数据不可能完全显示出各省区收入的真实情况，但仍可以在一定程度上反映出收入分布及差距。基于各省的城镇居民收入数据分布情况的分析，可以初步得出以下两个结论。

（1）三大战略的实施在一定程度上加剧了西部、东北部和中部各省份内部的收入差距，这也符合经济发展的规律，在产业转移和技术扩散的初期，不能普惠所有人，收入差距拉大有一定的合理性。但就目前的实际情况来看，收入差距拉大的不合理因素可能也较多。

（2）经济发达的省份，其收入分布相对较为公平，可能与发达省份的经济发展水平有关。发达地区在再分配中可能更加注重公平，而充足的地方财政收入使其可以充分使用转移支付这一手段调节收入差距的主要原因。

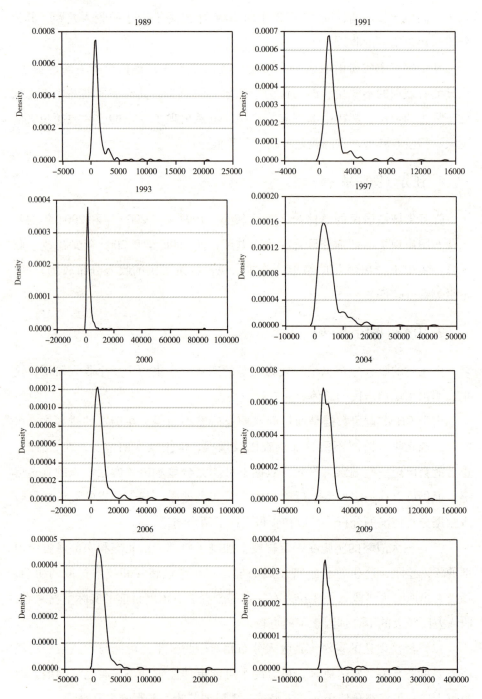

图附录 -1　贵州省1989～2009年城镇居民收入分布的核密度非参估计

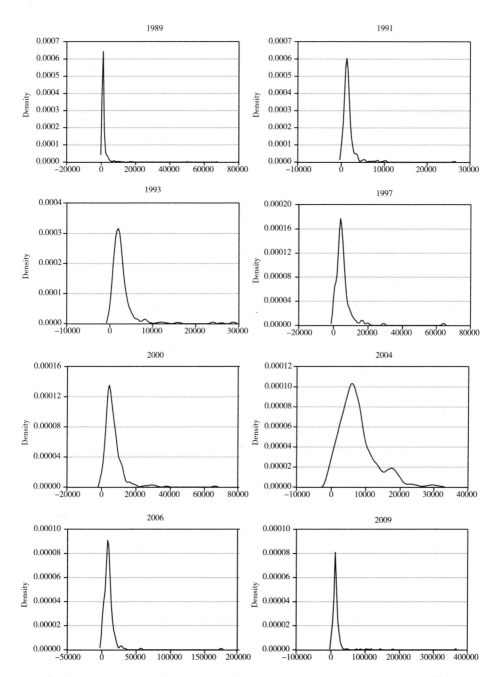

图附录-2 广西壮族自治区 1989~2009 年城镇居民收入分布的核密度非参估计

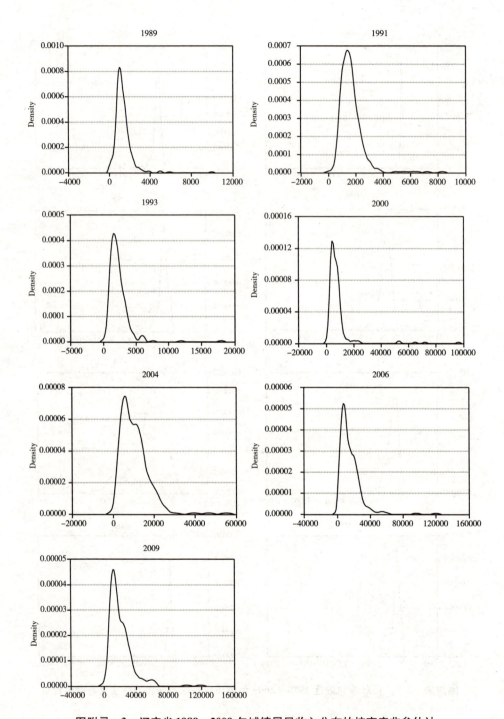

图附录 - 3　辽宁省 1989 ~ 2009 年城镇居民收入分布的核密度非参估计

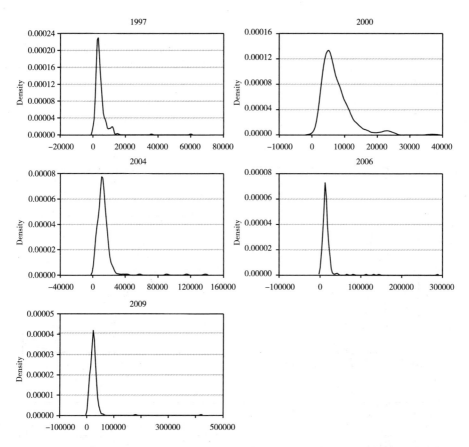

图附录－4　黑龙江省1997～2009年城镇居民收入分布的核密度非参估计

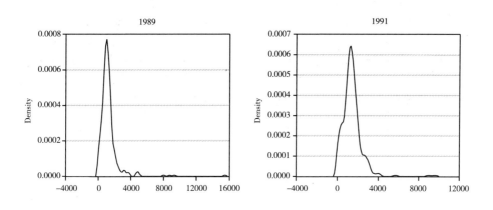

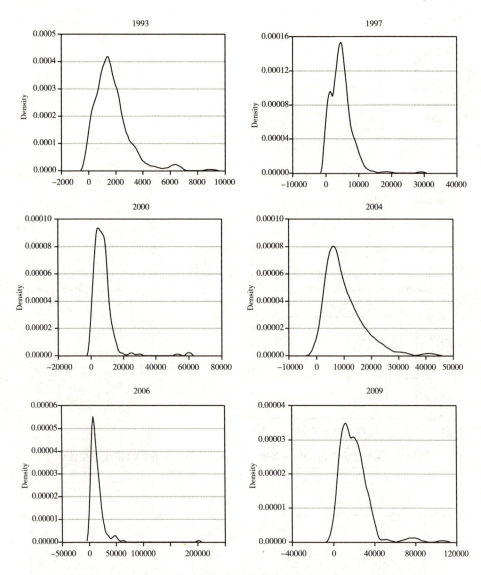

图附录 –5　河南省 1989～2009 年城镇居民收入分布的核密度非参估计

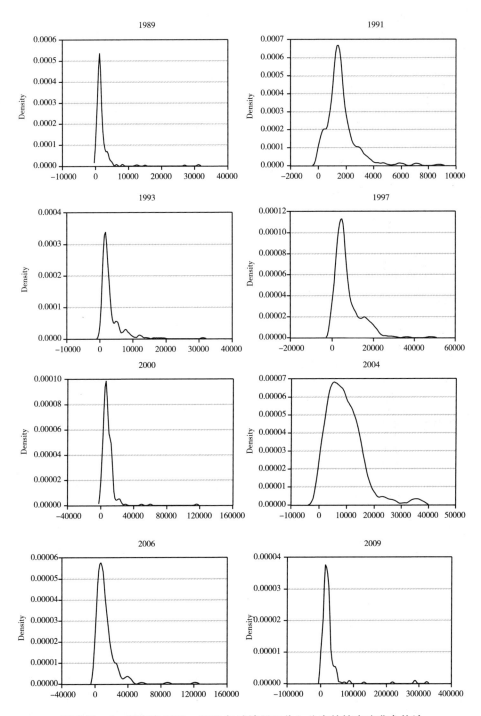

图附录-6 湖南省1989~2009年城镇居民收入分布的核密度非参估计

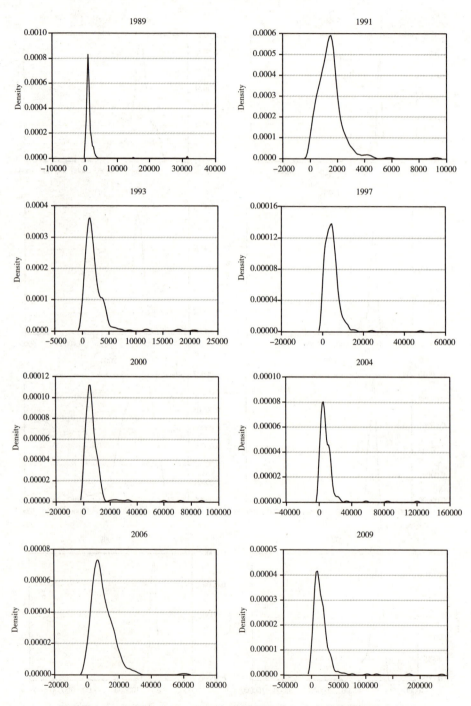

图附录 -7　湖北省 1989 ~ 2009 年城镇居民收入分布的核密度非参估计

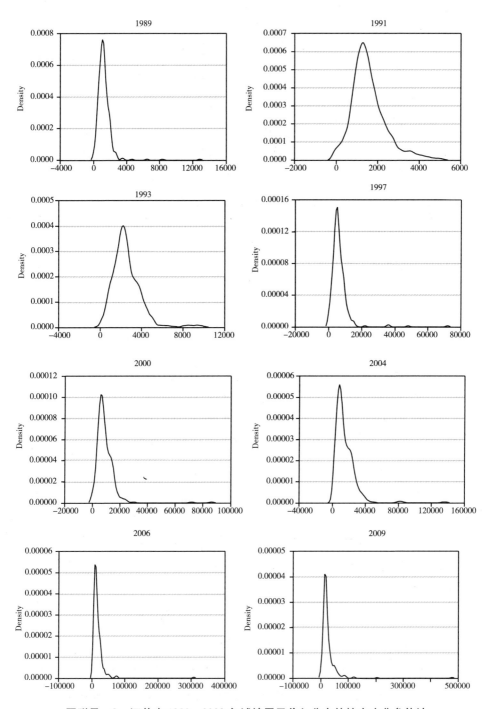

图附录 - 8　江苏省 1989 ~ 2009 年城镇居民收入分布的核密度非参估计

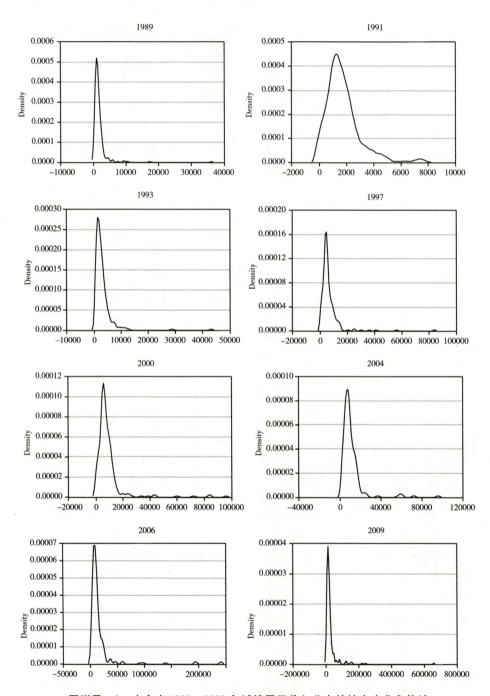

图附录 - 9 山东省 1989 ~ 2009 年城镇居民收入分布的核密度非参估计

参 考 文 献

一、中文著作

1. 阿特金森，布吉尼翁主编，蔡继明等译．收入分配经济学手册 ［M］. 北京：经济科学出版社，2001.

2. 边燕杰，吴晓刚，李路路．社会分层与流动——国外学者对中国研究的新进展 ［M］. 北京：中国人民大学出版社，2008.

3. 陈璋．中国宏观经济理论方法论问题研究 ［M］. 北京：中国人民大学出版社，2006.

4. 陈璋等．西方经济理论与实证方法论 ［M］. 北京：北京大学出版社，1993.

5. 陈璋．西方经济学方法论研究 ［M］. 北京：中国统计出版社，2001.

6. 陈宗胜，周云波．再论改革与发展中的收入分配 ［M］. 北京：经济科学出版社，2002.

7. 陈宗胜．经济发展中的收入分配 ［M］. 上海：上海三联书店，1994，第二版.

8. 赫希曼著，潘照东、曹征海译，潘光威校．经济发展战略 ［M］. 北京：经济科学出版社，1992.

9. James Riedel，金菁，高坚．中国经济增长新论：投资、融资与改革 ［M］. 北京：北京大学出版社，2007.

10. 莱维·巴特拉著，中国国际信托投资公司国际研究所译. 1990 年大萧条 ［M］. 上海：上海三联书店，1988.

11. 李实，史泰丽，古斯塔夫森．中国居民收入分配再研究Ⅲ ［M］. 北京：北京师范大学出版集团，2007.

12. 林毅夫，蔡昉，李周．中国的奇迹：发展战略与经济改革［M］．上海：上海三联书店，1994．

13. 马丁·布朗芬布伦纳著，方敏，李翔，刘振楠译．收入分配理论［M］．北京：华夏出版社，2010．

14. 马建堂主编．中国主要统计指标诠释［M］．北京：中华人民共和国国家统计局，2010．

15. 张东生主编．中国居民收入分配年度报告（2010）［M］．北京：经济科学出版社，2010．

16. 赵人伟，李实，李思勤．中国居民收入分配再研究［M］．北京：中国财政经济出版社，1999．

17.（美）邹至庄．中国经济转型［M］．北京：中国人民大学出版社，2001．

二、中文论文

1. 蔡昉，都阳．中国地区经济增长的趋同与差异——西部开发战略的启示［J］．经济研究，2000（10）．

2. 蔡昉，杨涛．城乡收入差距的政治经济学［J］．中国社会科学，2000（4）．

3. 蔡昉．市场配置劳动力 政府促进再就业［J］．求知，2003（11）．

4. 曾国安，胡晶晶．1990年以来中国居民消费率变动的实证分析［J］．税务与经济，2006（1）．

5. 陈昌兵．各地区居民收入基尼系数计算及其非参数计量模型分析［J］．数量经济技术经济研究，2007（1）．

6. 陈建东，夏柱兵．二次分配对城镇居民收入差距的调节效果分析——基于2007-2010年安徽省城镇住户调查数据［J］．经济理论与经济管理，2011（9）．

7. 陈璋，万光彩．范式之争、中国经验与宏观经济理论创新［J］．经济学家，2008（5）．

8. 陈璋．中国经济增长方式基本特征的方法论视角［J］．中国人民大学学报，2007（3）．

9. 陈璋, 黄伟. 中国式经济增长: 从投资与强制性技术变迁角度的一种解释 [J]. 经济理论与经济管理, 2009 (12).

10. 陈璋, 李学林. 中国式储蓄率波动趋势的实证研究——一个基于中国宏观经济基本假设的结构模型 [J]. 经济理论与经济管理, 2008 (11).

11. 陈璋, 宁柱. 从生产力不平衡结构看我国宏观经济波动 [J]. 经济理论与经济管理, 2004 (4).

12. 陈璋, 袁海霞. 我国地区经济发展差异研究——从生产力不平衡结构角度进行分析 [J]. 山西财经大学学报, 2005 (12).

13. 陈钊, 万广华, 陆铭. 行业间不平等: 日益重要的城镇收入差距成因——基于回归方程的分解 [J]. 中国社会科学, 2010 (3).

14. 陈宗胜. 关于总体基尼系数估算方法的一个建议 [J]. 经济研究, 2002 (5).

15. 陈宗胜. 中国居民收入分配差别的深入研究——评《中国居民收入分配再研究》[J]. 经济研究, 2000 (7).

16. 陈宗胜. 倒 U 曲线的阶梯形变异 [J]. 经济研究, 1994 (5).

17. 陈宗胜. 库兹涅茨倒 U 假说理论论争评析 [J]. 上海经济研究, 1991 (3).

18. 程恩富, 胡靖春, 侯和宏. 论政府在功能收入分配和规模收入分配中的作用 [J]. 马克思主义研究, 2011 (6).

19. 杜鹏. 我国教育发展对收入差距影响的实证分析 [J]. 南开经济研究, 2005 (4).

20. 段庆林. 我国农村居民收入差异的基本特征 [J]. 统计与决策, 1999 (4).

21. 方福前. 中国居民消费需求不足原因研究——基于中国城乡分省数据 [J]. 中国社会科学, 2009 (2).

22. 冯涛, 王宗道. 住房制度渐进改革、房地产价格波动与居民财产性收入分配 [J]. 财政研究, 2010 (7).

23. 傅娟. 中国垄断行业的高收入及其原因: 基于整个收入分布的经验研究 [J]. 世界经济, 2008 (7).

24. 高梦滔，姚洋. 农户收入差距的微观基础：物质资本还是人力资本？[J]. 经济研究，2006（12）.

25. 龚刚. 和谐社会与共享式增长——评林毅夫、庄巨忠等所编《以共享式增长促进社会和谐》[J]. 经济学（季刊），2008（10）.

26. 古斯塔夫森，李实. 中国变得更加不均等吗？[A]. 赵人伟，李实，李思勤. 中国居民收入分配再研究 [M]. 北京：中国财政经济出版社，1999.

27. 顾保国，乔延清，顾炜宇. 跨国公司技术转移溢出效应区域差异分析 [J]. 软科学，2005（10）.

28. 顾海兵. 基尼系数批判 [J]. 经济理论与经济管理，2002（3）.

29. 郭庆旺，贾俊雪. 积极财政对区域经济增长与差异的影响 [J]. 中国软科学，2005（7）.

30. 郭熙保. 从发展经济学观点看待库兹涅茨假说 [J]. 管理世界，2002（3）.

31. 杭斌，郭香俊. 基于习惯形成的预防性储蓄——中国城镇居民消费行为的实证分析 [J]. 统计研究，2009（3）.

32. 胡代光. 西方宏观经济政策方面的论辩和我们的思考 [J]. 宏观经济研究，1999（11）.

33. 黄祖辉，王敏，宋瑜. 农村居民收入差距问题研究——基于村庄微观角度的一个分析框架 [J]. 管理世界，2005（3）.

34. 李军. 收入差距对消费需求影响的定量分析 [J]. 数量经济技术经济研究，2003（9）.

35. 李实，罗楚亮. 中国城乡居民收入差距的重新估计 [J]. 北京大学学报（哲学社会科学版），2007（2）.

36. 李实，岳希民. 中国城乡收入差距调查 [J]. 财经，2004（3、4）.

37. 李实，赵人伟. 中国居民收入差距的扩大及其原因分析 [J]. 经济研究，1997（9）.

38. 李实，赵人伟. 中国居民收入分配再研究 [J]. 经济研究，1999（4）.

39. 李实,赵人伟,张平.中国经济改革过程中的收入分配变动〔A〕.赵人伟,李实,李思勤.中国居民收入分配再研究〔M〕.北京:中国财政经济出版社,1999.

40. 李实.对基尼系数估算与分解的进一步说明〔J〕.经济研究,2002(5).

41. 李实.对收入分配研究中几个问题的进一步说明——对陈宗胜教授评论的答复.经济研究,2000(7).

42. 李实.农村妇女的就业与收入——基于山西若干样本村的实证分析〔J〕.中国社会科学,2001(3).

43. 李学林.宏观经济基本假设下我国要素收入分配理论探析〔J〕.现代财经,2010(11).

44. 李勇辉,温娇秀.我国城镇居民预防性储蓄行为与支出的不确定性关系〔J〕.管理世界,2005(5).

45. 林宏,陈广汉.居民收入差距测量的方法和指标〔J〕.统计与预测,2003(6).

46. 林毅夫,刘明兴.中国的经济增长收敛与收入分配〔J〕.世界经济,2003(8).

47. 林毅夫,蔡昉,李周.中国经济转型时期的地区差距分析〔J〕.经济研究,1998(6).

48. 林毅夫,刘明兴.经济发展战略与中国的工业化〔J〕.经济研究,2004(7).

49. 林毅夫.潮涌现象与发展中国家宏观经济理论的重新构建〔J〕.经济研究,2007(1).

50. 林毅夫.后发优势与后发劣势——与杨小凯教授商榷〔J〕.经济学季刊,2003(7).

51. 林毅夫.潮涌现象与发展中国家宏观经济理论的重新构建〔J〕.经济研究,2007(1).

52. 刘凤良,鲁旭.CPI与PPI的"虚假传导"及其修正——一个相对稳健的实证框架〔J〕.数量经济技术经济研究,2011(8).

53. 刘精明. 市场化与国家规制——转型期城镇劳动力市场中的收入分配 [J]. 中国社会科学, 2006 (5).

54. 刘兆博, 马树才. 基于微观面板数据的中国农民预防性储蓄研究 [J]. 世界经济, 2007 (2).

55. 龙志和, 周浩明. 中国城镇居民预防性储蓄实证研究 [J]. 经济研究, 2000 (11).

56. 陆铭, 陈钊, 万广华. 因患寡, 而患不均——中国的收入差距、投资、教育和增长的相互影响 [J]. 经济研究, 2005 (12).

57. 罗楚亮. 城镇居民收入差距的发展因素与改革因素 [J]. 上海经济研究, 2004 (1).

58. 罗楚亮、李实、邓曲恒. 效率与公平: 收入根本的双重评判 [A]. 载于景天魁主编《收入差距与利益协调》, 哈尔滨: 黑龙江人民出版社, 2006.

59. 罗楚亮. 经济转轨、不确定性与城镇居民消费行为 [J]. 经济研究, 2004 (4).

60. 罗长远, 张军. 劳动收入占比下降的经济学解释——基于中国省级面板数据的分析 [J]. 管理世界, 2009 (5).

61. 马宇文. 我国居民收入分配差距扩大的制度分析 [J]. 改革, 2002 (6).

62. 牛飞亮. 制度变迁中的城镇居民收入差距分析 [D]. 北京: 中国人民大学, 2000.

63. 乔为国, 孔欣欣. 中国居民收入差距对消费倾向变动趋势的影响 [J]. 当代经济科学, 2005 (5).

64. 沈艳, 姚洋. 村庄选举和收入分配——来自 8 省 48 村的证据 [J]. 经济研究, 2006 (4).

65. 施建淮, 朱海婷. 中国城市居民预防性储蓄及预防性储蓄动机: 1999—2003 [J]. 经济研究, 2004 (10).

66. 宋铮. 中国城镇居民储蓄行为研究 [J]. 金融研究, 1999 (6).

67. 孙顺成, 蔡虹, 黄丽娜. 对外技术依存度的测算与分析 [J]. 科学学与科学技术管理，2007（5）.

68. 田岗. 我国农村居民高储蓄行为的实证分析——一个包含流动性约束的预防性储蓄模型及检验 [J]. 南开经济研究，2004（4）.

69. 万光彩，陈璋，刘莉. 结构失衡、潮涌现象与通胀—通缩逆转 [J]. 数量经济技术经济研究，2009（12）.

70. 万广华，陆铭，陈钊. 全球化与地区间收入差距：来自中国的证据 [J]. 中国社会科学，2005（3）.

71. 万广华. 解释中国农村区域间的收入不平等：一种基于回归方程的分解方法 [J]. 经济研究，2004（8）.

72. 王从军，钱海燕. 人力资本投资与公平的收入分配——一个基于经济发展兼顾公平的收入分配理论研究 [J]. 求索，2005（9）.

73. 王检贵. 倒 U 现象是不是一条经济法则？——对罗宾逊经典结论的质疑 [J]. 经济研究，2000（7）.

74. 王美艳. 中国城市劳动力市场上的性别工资差异 [J]. 经济研究，2005（12）.

75. 王少平，欧阳志刚. 我国城乡收入差距的度量及其对经济增长的效应 [J]. 经济研究，2007（10）.

76. 王小鲁，樊纲. 中国收入差距的走势和影响因素分析 [J]. 经济研究，2005（10）.

77. 王忠，李彩燕. 中国行业间工资差距变化及趋势研究——基于微观数据的分析视角 [J]. 财经问题研究，2011（8）.

78. 魏杰，谭伟. 收入分配不公让社会头疼 [J]. 中国国情国力，2005（6）.

79. 辛翔飞，秦富，王秀清. 中西部地区农户收入及其差异的影响因素分析 [J]. 中国农村经济，2008（2）.

80. 徐宽. 基尼系数的研究文献在过去八十年是如何拓展的 [J]. 经济学季刊，2003（4）.

81. 薛守刚，周云波. 影响我国城镇居民收入差距的主要因素研究——以天津为案例从人口特征的角度所进行的分析 [J]. 南开经济研究，2005（3）.

82. 伍艳艳. 我国劳动报酬份额变动的经济后果及其对策研究［D］. 北京：中国人民大学，2011.

83. 杨俊，张宗益. 中国经济发展中的收入分配及库兹涅茨倒 U 假设再探讨［J］. 数量经济技术经济研究，2003（2）.

84. 杨俊宏. 提高初次分配中劳动报酬比重的几点思考［J］. 探索，2009（5）.

85. 杨汝岱，陈斌开. 高等教育改革、预防性储蓄与居民消费行为［J］. 经济研究，2009（8）.

86. 杨天宇，侯玘松. 收入再分配对我国居民总消费需求的扩张效应［J］. 经济学家，2009（9）.

87. 杨新铭. 城镇居民财产性收入的影响因素——兼论金融危机对城镇居民财产性收入的冲击［J］. 经济学动态，2010（8）.

88. 易纲，樊纲，李岩. 关于中国经济增长与全要素生产率的理论思考［J］. 经济研究，2003（8）.

89. 易行健，王俊海，易君健. 预防性储蓄动机强度的时序变化与地区差异——基于中国农村居民的实证研究［J］. 经济研究，2008（2）.

90. 尹恒，龚六堂，邹恒甫. 收入分配不平等与经济增长：回到库兹涅茨假说［J］. 经济研究，2005（4）.

91. 尹志超，甘犁. 公共部门和非公共部门工资差异的实证研究［J］. 经济研究，2009（4）.

92. 余永定，李军. 中国居民消费函数的理论和验证［J］. 中国社会科学，2000（1）.

93. 袁江，张成思. 强制性技术变迁、不平衡增长与中国经济周期模型［J］. 经济研究，2009（2）.

94. 苑林娅. 中国收入差距不平等状况的泰尔指数分析［J］. 云南财经大学学报，2008（2）.

95. 岳昌君，吴淑姣. 人力资本的外部性与行业收入差异［J］. 北京大学教育评论，2005（4）.

96. 岳希明，李实，史泰丽. 垄断行业高收入问题探讨［J］. 中国社会科学，2010（3）.

97. 臧旭恒，裴春霞. 转轨时期中国城乡居民消费行为比较研究［J］. 数量经济技术经济研究，2007（1）.

98. 张超，陈璋. "中国式技术进步"视角下的收入分配失衡［J］. 现代经济探讨，2011（9）.

99. 张超，鲁旭. 城镇居民预防性储蓄动机强度的分区跨期测度［J］. 山西财经大学学报，2011（12）.

100. 张车伟，薛欣欣. 国有部门与非国有部门工资差异及人力资本贡献［J］. 经济研究，2008（4）.

101. 张平. 中国农村居民区域间收入不平等与非农就业［J］. 经济研究，1998（8）.

102. 赵人伟，李实. 中国居民收入差距的扩大及其原因［J］. 经济研究，1997（9）.

103. 赵人伟，李实. 中国居民收入差距的扩大及其原因［A］. 赵人伟，李实，李思勤. 中国居民收入分配再研究［M］. 北京：中国财政经济出版社，1999.

104. 周绍杰. 中国城市居民的预防性储蓄行为研究［J］. 世界经济，2010（8）.

105. 周文兴. 中国总体基尼系数测定问题——兼评"陈宗胜—李实论战"并与陈宗胜教授商榷［J］. 南开经济研究，2003（3）.

106. 周云波，马草原. 城镇居民收入差距的"倒U"拐点及其演变趋势［J］. 改革，2010（5）.

107. 朱国林，范建勇，严燕. 中国的消费不振与收入分配：理论和数据［J］. 经济研究，2002（5）.

108. 朱玲. 中国扶贫理论和政策研究评述［J］. 管理世界，1992（4）.

109. 朱平芳，李磊. 两种技术引进方式的直接效应研究——上海市大中型工业企业的微观实证［J］. 经济研究，2006（3）.

三、英文著作

1. Adelman and Morris. Economic Growth and Social Equity in Developing

Countries〔M〕. Stanford，1973.

2. Fei，J.，Gustav，R，Shirle，Y. W. Growth with Equality：The Taiwan Case〔M〕. Oxford University：NewYork，1979.

3. Kalecki，M. Selected Essays on the Dynamics of the Capitalist Economy〔M〕. Cambridge University Press，1971.

4. Sundrum，R. M. Income Distribution in Less Development Countries〔M〕. London：Routledge，1990.

5. Nygard，F and A Sandstorm. Measuring income inequality〔M〕. Stockholm，Sweden：Almqvist and Wiksell，1981.

6. Weintraub，S. Distribution，Effective Demand and International Relations〔M〕. London：Macmillan，1983.

四、英文论文

1. A. Sandmo. The Effect of Uncertainty on Saving Decisions〔M〕. Review of Economics Studies，1970，Vol. 37（3）.

2. A. V. Banerjee and A. F. Newman. Occupational Choice and the Process of Development〔M〕. Journal of Political Economy，1993，Vol. 101（2）：274 – 298.

3. Ahluwalia，Montek S. Income Distribu-tion and Development：Some Stylized Facts〔M〕. American Economic Review，1976，Vol. 66：128 – 35.

4. Alberto Alesina and Dani Rodrik. Distributive Politics and Economic Growth〔M〕. Quarterly Journal of Economics，1994，Vol. 109（2）：465 – 490.

5. Allen，S. G. Updated Notes on the Inter industry Wage Structure〔M〕. NBER Working Paper Series，No. 4664，1994.

6. Anand，Sudhir and R. Kanbur. Inequality and development：A critique〔M〕. Journal of Development Economics，1993，Vol. 41：19 – 43.

7. Annamaria Lusardi. On the Importance of the Precautionary Saving Motive〔M〕. The American Economic Review，1998，Vol. 88（2）：449 – 453.

8. B. K. Wilson. The Strength of the Precautionary Saving Motive when Prudence is Heterogeneous〔M〕. Enrolled paper of 37th Annual Meeting of the Canadian

Economics Association, 2003.

9. B. L. Miller. The Effect on Optimal Consumption of Increased Uncertainty in Labor Income in the Multiperiod [M]. Journal of Economics Theory, 1976, Vol. 13 (1): 154 – 167.

10. Barro. J. Inequality and growth in a panel of countries [M]. Journal of Economic Growth, 2000, Vol. 5: 5 – 32.

11. Benabou, R. Inequality and Growth [M]. NBER macroeconomics annual, 1996: 11 – 76.

12. Bhattacharya, N. and Mahalanobs, B. Regional Inequalities in Household Consumption in India [M]. Journal of the American Statistical Asociation, 1967, Vol. 62: 143 – 161.

13. Black, Dan A. and John E. Garen. Efficiency Wages and Equilibrium Wages [M]. Economic Inquiry, 1991, Vol. 29 (3): 525 – 540.

14. Blackburn, McKinley and David Neumark. Unobserved Ability, Efficiency Wages, and Inter-industry Wage Differentials [M]. Quarterly Journal of Economics, Nov. 1992: 1421 – 1436.

15. Blanchard, O. The Medium Run [M]. Brookings Papers on Economic Activity, 1997, Vol. 2: 89 – 158.

16. Cai Fang, Wang Dewen and Du Yang. Regional Disparity and Economic Growth in China: The Impact of Labor Market Distortions [M]. China Economic Review, 2002, Vol. 110: 197 – 212.

17. Campbell, J. Y. , Mankiw, N. G. The Response of Consumption to Income: A Cross-section Investigation [M]. European Economic Review, 1991, Vol. 23: 1 – 24.

18. Christopher D. Carroll, Andrew A. Samwick. How Important is Precautionary Saving [M]. NBER Working Paper, No. 5194, 1995.

19. Cowell, F. A. Measurement of Inequality [M]. Handbook of Income Distribution, 2000: 87 – 166.

20. D. S. Sibley. Permanent and Transitory Income Effects in a Model of Optimal

Consumption with Wage Income Uncertainty〔M〕. Journal of Economics Theory, 1975, Vol. 11（1）: 68 – 82.

21. Daudey, E. and C. Garcia-Penalosa. The Personal and the Factor Distributions of Income in a Cross-Section of Countries〔M〕. Journal of Development Studies, 2007, Vol. 43（5）: 135 – 158

22. Deinnger, K. and Squire, L. A New data set measuring income inequality〔M〕. World Bank Economic Review, 1996, Vol. 10: 565 – 591.

23. Galor and Moav. From Physical to Human Capital Accumulation: Inequality in the Process of Development〔M〕. Review of Economic Studies, 2004, Vol. 71（4）: 1001 – 1026.

24. Gary S. Becker and Barry R. Chiswick. Education and the Distribution of Earnings〔M〕. The American Economic Review, 1966, Vol. 56: 358 – 369.

25. Guscina, A. Effects of Globalization on Labor's Share in National Income〔M〕. IMF Working Paper No. 294, 2006.

26. Harrison, A. E. Has Globalization Eroded Labor's Share? Some Cross-Country Evidence〔M〕. UC-Berkeley and NBER working paper, October, 2002.

27. Hayne E. Leland. Saving and Uncertainty: The Precautionary Demand for Saving〔M〕. Quarterly Journal of Economics, 1968, Vol. 82（3）: 465 – 473.

28. Helwege, J. Sectoral Shifts and Interindustry Wage Differentials〔M〕. Journal of Labor Economics, 1992, Vol. 10（1）: 55 – 84.

29. Jacob Mincer, Investment in Human Capital and Personal Income Distribution〔M〕. Journal of Political Economy, 1958, Vol. 66: 281 – 302.

30. Jian, Tianlun, Jeffery D. Sacks, Andrew M. Warner. Trends in Regional Inequality in China〔M〕. NBER working paper, No. 5412, 1996.

31. Jonathan S. Skinner. Risky Income, Life Cycle Consumption, and Precautionary Savings〔M〕. Journal of Monetary Economics, 1988, Vol. 22（2）: 237 – 255.

32. Karen E. Dynan. How Prudent Are Consumers〔M〕. Journal of Political Economy, 1993, Vol. 101（6）: 1104 – 1113.

33. Krueger, A. B. , Summers, L. H. Efficiency Wages and the Inter Industry Wage Structure [M]. Econometrica, 1988, Vol. 56 (3): 259 – 293.

34. Kuznets, S. Economic growth and income inequality [M]. American Economic Review, 1955, Vol. 45 (1): 1 – 28.

35. L. P. Hansen, K. J. Singleton. Generalized Instrumental Variables Estimation of Nonlinear Rational Expectations Models [M]. Econometrica, 1982, Vol. 50 (5): 1269 – 1286.

36. L. Guiso, T. Jappelli, D. Terlizzese. Earnings Uncertainty and Precautionary saving [M]. Journal of Monetary Economics, 1992, Vol. 30 (2): 307 – 337.

37. Li, H. , and H. Zou. Income inequality is harmful for growth: theory and evidence [M]. Review of Development Economics, 1998, Vol. 2 (3): 318 – 334.

38. Lin, Justin Yifu. Rural Reforms and Agricultural Growth in China [M]. American Economic Review, 1992, Vol. 82 (1): 34 – 51.

39. Lipton, M. Migration from rural areas of poor countries: The impact on rural productivity and income distribution [M]. World Development, 1980, Vol. 8 (1): 1 – 24.

40. Lucas, R. E. On the Mechanics of Development Planning [M]. Journal of Monetary Economics, 1988, Vol. 22 (1): 3 – 24.

41. Lyons, Thomas P. Inter-provincial disparities in China: output and consumption, 1952 – 1987 [M]. Economic Development and Cultural Change, 1991, Vol. 4: 471 – 505.

42. M. S. Kimball. Precautionary Savings in the Small and in the Large [M]. Econometrica. 1990, Vol. 58 (1): 53 – 73.

43. Mark Kazarosian. Precautionary Savings-A Panel Study [M]. Review of Economics and Statistics, 1997, 79 (2): 241 – 247.

44. Martins, Pedro S. Industry Wage Premia: Evidence from the Wage Distribution [M]. Economics Letters, 2004, Vol. 83: 157 – 163.

45. Mishra, P and Parikh A. Household consumer expenditure inequalities in

India, a decomposition analysis ［M］. Review of Income and Wealth, 1992, Vol. 38: 225 – 236.

46. Mokherjee, D. and Shorrocks, A. F. A decomposition analysis of the trend in UK income inequality ［M］. Economic Journal, 1982, Vol. 92: 886 – 902.

47. Mookherjee, D. and A. Shorrocks. A Decomposition Analysis of the Trend in UK Income Inequality ［M］. The Economic Journal, 1982, Vol. 92（368）: 886 – 902.

48. Paglin, M. The measurement and trend of inequality: a basic revision ［M］. American Economic Review, 1975, Vol. 65: 598 – 609.

49. Paukert, F. Income distribution at different levels of development: a survey of evidence ［M］. International Labor Review, September, 1973.

50. Persson, Torsten, and Guido Tabellini. Is Inequality Harmful for Growth? Theory and Evidence ［M］. American Economic Review, 1994, Vol. 84: 600 – 621.

51. Philippe Aghion, Eve Caroli and Cecilia Garcia-Penalosa. Inequality and Economic Growth: the Perspective of the New Growth Theories ［M］. Journal of Economic Literature, 1999, Vol. 37（4）: 1615 – 1660.

52. Piketty, T. Social mobility and redistribute politics ［M］. Quarterly Journal of Economics, 1995, Vol. 110: 551 – 584.

53. Pyatt, G. The interpretation and disaggregation of Gini coefficients ［M］. Economic Journal, 1976, Vol. 8: 243 – 255.

54. Saith, A. Development and distribution: a critique of the cross-country U-hypothesis ［M］. Journal of Development Economics, 1983, Vol. 13（3）: 367 – 382.

55. Samuel Bentolila and Gilles Saint-Paul. Explaining Movements in the Labor Share ［M］. CEPR Discussion Paper Series No. 1958, 1998.

56. Sherman Robinson. A Note on the U Hypothesis Relating Income Inequality and Economic Development ［M］. The American Economic Review, 1976, Vol. 66（3）: 437 – 440.

57. Silber, J. Factor components, population subgroups and the computation of

the Gini index of inequality〔M〕. Review of Economics and Statistics, 1989, Vol. 71: 107 – 115.

58. Stark and Bloom. The New Economics of Labor Migration〔M〕. The American Economic Review（AER）, 1985, Vol. 75（2）: 173 – 178.

59. Stiglitz, J. E. The distribution of income and wealth among individuals〔M〕. Econometrics, 1969, Vol. 37: 382 – 397.

60. Tamura, R. Income convergence in an endogenous growth model〔M〕. Journal of Political Economy, 1991, Vol. 99: 522 – 540

61. Tsui, Kai Yuen. China's Regional Inequality: 1952 – 1998〔M〕. Journal of Comparative Economics, 1991, Vol. 15: 1 – 21.

62. Tsui, Kai Yuen. Decomposition of China's Regional Inequalities〔M〕. Journal of Comparative Economics, 1993, Vol. 17: 600 – 627.

63. Uzawa, H. On a Two-Sector Model of Economic Growth〔M〕. Review of Economic Studies, 1961, Vol. 29: 40 – 47.

64. Wei, Shangjin and Yi Wu. Globalization and Inequality: Evidence from within China〔M〕. NBER working paper, No. 8611. 2001.

65. Weiskoff, R. Income distribution and economic growth in Puerto Rico, Argentina and Mexico〔M〕. Review of Income and Wealth, December, 1970, Vol. 16（4）: 1475 – 4991.

66. Yitzhaki, S and Lerman R. I. Income stratification and income inequality〔M〕. Review of income and wealth, 1991, Vol. 37: 313 – 329.

五、其他

1. 1978 ~ 2011 年《中国统计年鉴》

2. 1991 ~ 2010 年《中国科技统计年鉴》

3. 2001 ~ 2010 年《中国金融统计年鉴》

4. 中经网统计数据库

5. 中国人民银行网站, http://www.pbc.gov.cn

6. 历年 CHNS（中国家庭营养健康调查）数据, http://www.cpc.unc.edu/projects/china

后 记

本书是我在合肥工业大学管理科学与工程博士后科研流动站的工作成果之一，是在博士论文基础上进一步修改完善后出版的。

在中国人民大学攻读博士学位的三年，是我最不舍和最难忘的时光。手持录取通知书在明德楼前广场报道的情形仍记忆犹新；在明德楼答辩的情景仍历历在目；三年间我更是无数次穿梭于品三、各区食堂、明德楼、图书馆、世纪馆……时间如白驹过隙，似乎只是一瞬间，却已毕业七年。回首博士阶段的三年学习，终将成为我一生难忘的经历。工作三个月、每晚两三点钟睡觉而完成的博士论文，成为我为数不多还会时常翻看的科研作品。在师兄万光彩的鼓励下，我对博士论文作了进一步修改，历经七年后终于决定公开出版。

在未进入中国人民大学求学之前，就已拜读过导师陈璋教授的著作，被老师深邃的思想及精辟的见解所折服。后来有幸成为陈老师的学生，更是叹服于老师充满哲理的思想和对中国经济学的理解，他对中国宏观经济特征的精准概括为我博士阶段学习及博士论文写作开启了全新的思路。感谢陈璋教授三年对我的悉心教诲，由于我的愚钝，并未能完全达到老师的期望，对此深感惭愧。这些年的学习和研究中，仍在继续领悟、消化老师的思想。

感谢我的师兄万光彩、同事刘国晖、同学鲁旭等对我博士论文提出的有益建议；感谢同门伍艳艳、陈淑霞、马英才及同事袁平红等在论文写作过程中给予的无私帮助；感谢舍友徐毅鸣在学习和生活上对我的帮助；感谢刘鹏、米强、崔惠民等国民经济管理系2009级博士班全体同学陪我一起走过的那三年时光！

感谢刘瑞教授、方芳教授、郑超愚教授、叶卫平教授、苏汝劼副教授等诸位老师的言传身教，让我感受到中国人民大学名师的教学风采和渊博学识！感谢刘起运教授、刘霞辉教授、蒋选教授、潘文卿教授在博士学位论文答辩过程中的真知灼见！

感谢我的博士后合作导师合肥工业大学杨善林院士，为我修改、完善本书提供了宝贵建议！

感谢安徽财经大学金融学院任森春院长，是他全力支持我出版本书！

张 超

2019 年 5 月